HOW TO STARTUP

イノベーションを起こす
ビジネスアイデアの育て方

久野孝稔

あさ出版

はじめに

▼▼未知なる世界へ船出するスタートアップの冒険者たちへ

スタートアップとは一体何なのでしょうか？

端的に言うならば、短期間のうちに急速に成長する新興企業のことです。

スタートアップの成長速度は驚異的で、ビジネス界で最も注目されるトピックの一つとなっています。

スタートアップは、「Jカーブ」と呼ばれる成長曲線を描く点が特徴的（下図）です。この成長曲線は、「事業開始後の数年間は赤字であるものの、その後に短期間で急成長を果たして、黒字転換によって累積損失を回収する」ことを示しています。

スタートアップが注目される理由は、新しいアイデアや技術を生み出すことが期待されているためです。

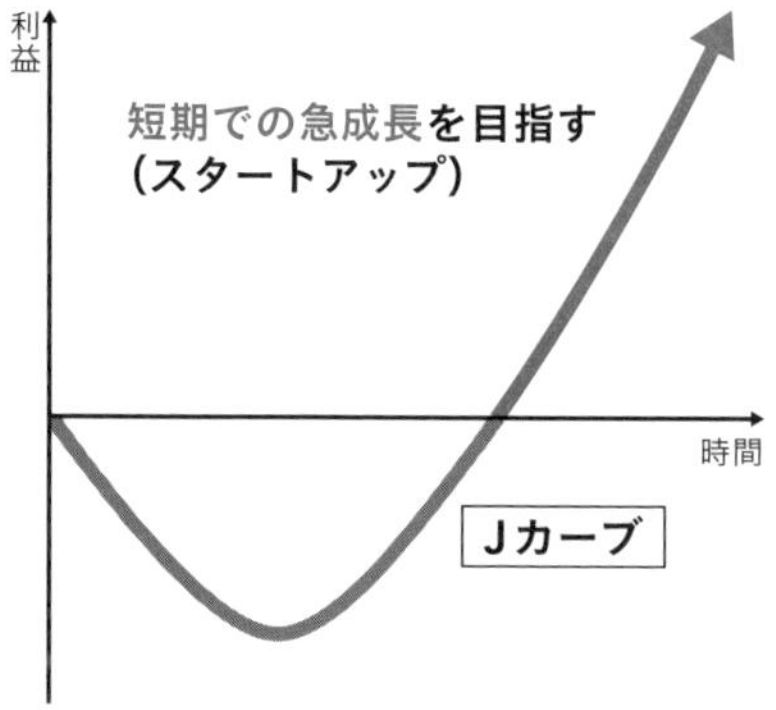

また、スタートアップは元来、従来のビジネスとは異なり、多大な利益を上げることだけを目的とせず、長期的な社会貢献を視野に入れて活動しています。製品・サービス・システム・組織・ビジネスモデルなどに新たな考え方や技術などを導入して価値を創出し、社会に大きな影響を与えて変革をもたらすのです。これをイノベーションと呼びます。つまり、事業の推進によって、イノベーションを起こす組織こそが、スタートアップなのです。

そんなスタートアップを私なりに表現すると次のようになります。

「スタートアップとは未知なる世界へ挑戦をする勇気ある冒険者たちが集まる、新しいビジネスの船。彼らは、大海原に漂う未開拓の領域に向けて船出し、海流や風を利用して目的地に向かいます。嵐や障害物に遭遇しながらも、自分たちのビジョンを信じて進み続けます。

常に変化する市場に対応するために、スピード感と柔軟性を併せ持ち、失敗を恐れずに新たなアイデアや戦略を試みる彼らは、自らの才能や情熱、創造性をフルに発揮し、新しいものを生み出すことで、社会に貢献することを目指します。

それは波乱万丈な航海になるかもしれません。しかし、成功すれば、自らが生み出した新しい価値で、社会や人々の生活を豊かにすることができるのです」

なんだかワクワクしてきませんか？

冒頭から熱く語ってしまいましたが、ここで簡単に、私の自己紹介をさせてください。

私は公務員として働いていた時期に、三井物産の子会社である物産ナノテク研究所に出向し、ナノテク、ロボット等の新規事業創出プロジェクト立ち上げをサポートするなど、商社流のスタートアップ企業立ち上げの経験を持ちました。

その後、筑波大学発のスタートアップ企業であるCYBERDYNE（サイバーダイン）株式会社に転職し、営業部長として全国の病院・福祉施設2000か所を訪問し、ゼロイチの市場開拓に奔走しました。また、身体機能を改善するロボットスーツ®の価値を世に広めるために、後遺症をケアするトレーニングセンター運営会社を社内起業で一度に複数立ち上げた経験があります。その際には、国・県・市の補助金獲得などの資金調達や、47都道府県ほぼ全てを回りながら先のトレーニングセンターの設置場所を探し、70人を採用するという大きなプロジェクトを成功させました。

さらに、武田薬品工業株式会社に転職し、湘南ヘルスイノベーションパークを立ち上げるなど、イノベーションの拠点作りを通じて次世代バイオスタートアップの育成に携わってきました。現在は起業家の育成事業を開始するなど、スタートアップの立ち上げや育成に注力しています。

本書では、そんな私がこれまで経験してきたことをみなさんにお伝えしながらスタートアップについての基本的な知識や成功するための秘訣、そして、スタートアップの未来について詳しく説明していくものです。

具体的な構成は、みなさんに実践で役に立つ技術を紹介することを主眼に、次のようにいたしました。

Chapter1　【アイデアからビジネスモデルを作る】

あなたの内なるアイデアを掘り起こし、ビジネスモデルに落とし込む方法を解説します。

Chapter2　【ビジネスモデルに磨きをかけ、育てる】

導き出したビジネスモデルを超実践的フレームワークのOODAループ思考で検証し、磨きをかけていきます。

Chapter3　【スタートアップに必要なスキルを身につける】

スタートアップを進めるにあたり、必要かつ実践で役に立つさまざまなスキルを紹介します。

Chapter4　【スタートアップマインドを学び取る】

今スタートアップ界で注目を集めるキーパーソンたちのインタビューから起業家として大事にすべき思考を導き出します。

人生100年時代を迎えました。スタートアップには、思考とやる気さえあれば誰でも参加できます。若さや年齢などは関係ありません。そんなスタートアップに政府も注目し、2022年度補正予算には総額1兆円もかけてスタートアップ育成5か年計画が組み込まれ、動き出しました。この計画により、今後ますますスタートアップが注目されてくることだと思います。

本書が、スタートアップに挑戦したいと考えている全てのチャレンジャーたちの背中を押す一助になれば幸いです。

How To STARTUP

CONTENTS

はじめに 3

Chapter 1

ビジネスのアイデアを掘り起こし、モデルに落とし込む

01 自分と向き合い、強みを見つけることがスタートアップのスタートライン 16
02 自分の中にある強みからビジネスアイデアを作る手順 22
03 自分の想いをゴールデン・サークルに当てはめオンリーワンのアイデアを見つける 33
04 会社のVisionの作り方 41
05 イノベーションを起こすとは何か? 50
06 破壊的イノベーションと持続的イノベーション 55
07 一人の顧客からアイデアを広げる 59
08 アイデアをモデルへ リーンキャンバスを使いこなす 66

CONTENTS

COLUMN 01 バックキャスト思考であなたの人生の軸となるストーリーを決める 76

Chapter 2 OODAループ思考でビジネスに磨きをかける

01 VUCA時代でスタートアップビジネスを育てるための4つのスキル 80
02 不透明な先行きを見通し、意思決定するOODAループ思考 86
03 OODAループ思考ではフィードバックを成功要因にする 90
04 みる／Observe（観察）1 あなたのアイデアに共感する人は誰かを知る 97
05 みる／Observe（観察）2 消費とニーズのメカニズム「ジョブ理論」を駆使する 104
06 腹落ちする／Orient（状況判断）1 ドラッカーの5つの質問を使いリーンキャンバス全体を振り返る 112
07 腹落ちする／Orient（状況判断）2 マズローの5段階の欲求で自分の欲求段階を理解する 118

COLUMN 02 リープフロッグイノベーションの活用 125
08 決める／Decide（意思決定） 状況を理解した後は直感に従い仮説を立てる 127
09 動く／Act（行動） 自分の直感を信じて最後までやり抜く 131
10 振り返る／Loop（改善活動） フィードバックループの達人になる 140
11 OODAループ思考とリーンスタートアップを組み合わせる 146

Chapter 3 ビジネスとしてテイクオフさせるための必須スキル

01 考えながら行動する「アジャイル型人間」になる 156
02 妥協はしてもあきらめてはいけない 160
03 社会課題の解決型のスタートアップはパブリックアフェアーズに注力する 164
04 スタートアップは自己利益より利他を考えよ 168

05 常に最先端でいるためのネットワークの作り方 173
06 「リスクテイクしながら動く」生きたお金の使い方 178
07 「セルフメンタリング」で自信を大きく育てる 182
08 ビジネスを共に育てるメンバーの集め方 189
09 キックオフミーティングのシナリオ作成のコツ 196
10 スタートアップに役立つコミュニケーション3つのポイント 200
11 相手を感動させて共感を得るストーリーの作り方 206
12 企業や人を自分のストーリーに巻き込む 212
13 他社とのコラボレーションは協業ではなく共創で考える 215
14 スタートアップこそ礼儀正しく丁寧であれ 219
COLUMN 03 CEOが取締役会を味方につける最善の方法 223

Chapter 4
キーパーソンから学ぶスタートアップの作法

00
独自のキャリア構築を意識する　226

01
【医療／次世代がん検査】
HIROTSUバイオサイエンス　**広津崇亮**
悩みは解決しないものだと思っているからつらい
解決してやろうと思えば、それは悩みではなくなる　230

02
【エネルギー／脱炭素・核融合炉】
京都フュージョニアリング　**長尾　昂**
日本の技術力と強みを活かし、グローバルに戦っていくための
核融合エコシステムの構築を目指す　242

03
【宇宙／月面探査・資源開発】
ispace　**袴田武史**
「all Japan」って言った瞬間にビジネスは死ぬ
グローバルにチャレンジする環境を作れ　254

04
【素材／新世代バイオ素材】
Spiber 関山和秀
人類にとって普遍的な価値とは
何かを考えよ
266

05
【アグリ／世界初の密閉式栽培装置】
PLANTX 山田眞次郎
世界初でなければ
イノベーションではない
278

06
【スタートアップ旗振り役】
経済産業省スタートアップ創出推進室 南 知果
「チャレンジする人はかっこいい」
そんな世界がもっと身近になるために
290

おわりに
301

●企画協力／松尾昭仁（ネクストサービス株式会社）
●本文デザイン・DTP／辻井 知（SOMEHOW）
※本書の内容は特に断りのない限り、2023年の4月時点の情報を基に記載しております。今後変更となる場合がございますので、あらかじめご了承ください。

Chapter 1

ビジネスのアイデアを掘り起こし、モデルに落とし込む

01 自分と向き合い、強みを見つけることがスタートアップのスタートライン

▼スタートアップでは個人の感情を大切に

いきなりですが、重要な質問をさせてください。

「あなたはビジネスとは何だと考えますか？」

単純に考えれば、それは「利益を上げること」です。利益を上げないで生き長らえようとするだけのビジネスでは社会に迷惑をかけてしまうので、そのような企業は存在自体が社会悪と言えます。企業であるなら利益を上げることは大前提。しかし、単に利益を上げればよいかというと、金儲けビジネスを勧めているように聞こえてしまい、私には少し違和感があります。私は、決して金儲けを批判しているわけではありません。

ただ、スタートアップを志す人たち、またはスタートアップで成功する人たちには、「金儲けをしたい」という思いよりも、

「社会をよりよくしたい」

「人のために自分を役立てたい」

という強い想いが前提として存在しているように思います。

「ビジネス」という言葉を日本語辞書の大辞林（第4版）で調べてみると、「仕事や業務、営利活動のこと」といった一般的な意味の他に、「個人的な感情を交えない、金儲けの手段としての仕事」という意味が掲載されています。

スタートアップを始めようとするあなたは、ぜひ、次の意味を加えてください。

スタートアップのビジネスとは、

「個人的な感情を交え、社会に貢献し、金儲けも可能な仕事」

であると。

私がこれからスタートアップを志すあなたにこの本を通して最もお伝えしたいことは、「社会をよりよくしたい」「人のために自分を役立てたい」といった想いを前提にした**個人的な感情を見つけることの大切さ**なのかもしれません。なぜなら、この個人的な感情は自分の個性、強みであり、あなたの**ビジネスアイデアの実現可能性を最大化してくれる**からです。

では、どのように個人的な感情を見つけるといいのでしょうか？

▼スタートアップは内省による人生の棚卸しから始まる

最近、内省（またはリフレクション）という言葉を耳にすることが多くなってきました。企業の研修などでもよく登場するこの内省は、実はスタートアップにとって、とても重要なものです。内省では「自分自身の心の働きや状態をかえりみる」作業を行います。こう聞くと「反省」という言葉を思い浮かべる人もいるかもしれませんが、内省はそれとは異なり、自分自身の心の働きや状態をかえりみた上で、**自らが未来に向けて発展できるプロセスを考えます。**

私は起業コンサルタントとしても活動し、多くの起業志望者とお話をすることがありますが、まずは自分自身のことをよく知ることがビジネスアイデアを考える上で最初にすべきことだと考えています。自分のこともよく知らない起業家の話に迫力はありません。また、そのような起業家は、お金を出資しようとする投資家から、「なぜそのビジネスはあなたじゃないとダメなのですか」という当たり前の質問にすら答えることができないでしょう。

内省を利用すれば、これまで生きてきた人生の行動を振り返り、経験を整理し、自分という人間をより客観的に知ることができます。内省のツールとしては、厚生労働省からも無料のフレームのジョブ・カード（詳細は21ページ参照）が提供されているので活用してみるといいでしょう。ジョブ・カードの作成方法についてはYouTubeもあります。簡単に手順を説明すると、まずやるのは自分の人生の棚卸しです。

これは、履歴書や職務経歴書、プロフィールなどを作る際にも大いに役に立ちますし、何よりもビジネスのアイデアを作るための事前準備となり、**スタートアップの手順としては「基本の基」**にあたります。具体的には次の内容を考えていきます。

【人生の棚卸しの具体的項目】

あなたの持っているもの

- 生い立ち、子どもの頃の思い出、夢中になったこと
- 現在の仕事、ボランティア活動
- 今までの人生の重要なエピソード、経験
- 身につけた知識
- 趣味、特技（スキル）、継続している習慣
- 取得している資格
- 理想の未来

人間関係

- 家族、親戚関係
- 職場関係（社内、社外）
- 先輩、後輩
- 趣味等の仲間
- 地域の仲間
- その他

私の例を21ページに紹介しますので参考にしてください。

棚卸しでは、特にこうしなければならないと定まったやり方はないのですが、一定時間集中できる環境に身を置き、記憶をたどって自分が生まれた頃からのエピソードを書き出していくといいでしょう。これまでの人生の軌跡を正直に見つめ、それらがもたらした意味を振り返ってみるのです。ご自宅やカフェなどで好きな飲み物を用意して、じっくり楽しく内省してみるのもいいかもしれません。最近では内省を促すアプリなども登場してきています。内省に取り組む期間としては3日から長くても1週間くらいあれば十分です。

人生の棚卸しをしてみると、一番知っているようで、実は知らない自分が見えてきたり、アン

コンシャスバイアス（無意識の偏ったものの見方）が見つかったり、私はこうありたいと願う自分の理想が見えてきたりと、意外な発見があります。

人生の目標が明確になれば、その夢とも言える目標に向かって今何をすべきなのか考えられるようにもなります。課題がはっきりすると、行動につながります。人生の棚卸しは「なりたい自分になるためのプロセス」だと考えましょう。これが、**やりたいビジネスアイデアの「たね」**を見つけることにつながります。また、棚卸しをした内容を、他人に聞いてもらい、フィードバックを得るということも内省としては大変有効な手段です。他者目線という得難いコメントが得られます。周囲に自分をよく理解するための同志となってくれる人をぜひ見つけてみてください。

【ジョブカード活用のメリット】

●自分の大事にしたい価値観に気づく

あなたが大事にしてきた（大事にしている）価値観、まだ自分でも気づいていない（明確に意識していない）価値観について気づくチャンスが作れる。

●自分の強みに気づく

あなたがこれまで積んできたキャリアはすでに立派な「財産」であり、それが「強み」であることに気づける。

●キャリア・プランがはっきりする

これからどのようにキャリアを重ねていくのかが見えてくる。

※左図は厚生労働省のジョブカード。様式1.キャリアプランシートの一部。詳細は右の二次元コードより確認できます。

（第１面）

様式1-1　キャリア・プランシート（就業経験がある方用）

2023年4月11日現在

<table>
<tr><td>ふりがな</td><td>くの</td><td>たかとし</td><td rowspan="2">生年
月日</td><td rowspan="2">1976年○○月○○日</td></tr>
<tr><td>氏　名</td><td>久野</td><td>孝稔</td></tr>
<tr><td>ふりがな</td><td colspan="2"></td><td colspan="2">電　話</td></tr>
<tr><td rowspan="4">連絡先</td><td colspan="2">〒　　－</td><td colspan="2">－　　　－</td></tr>
<tr><td colspan="2" rowspan="3"></td><td colspan="2">メールアドレス</td></tr>
<tr><td colspan="2">000@aaaa.com</td></tr>
</table>

価値観、興味、関心事項等
（大事にしたい価値観、興味・関心を持っていることなどを記入）
【日本の課題解決としてスタートアップに着目】 ・大学で公共政策を学び、産学官と立場を変えながらもこれまで一貫してイノベーションによる新産業創出に従事してきた。日本経済を立て直すために国内でスタートアップに新たにチャレンジする方々を支援する仕事に従事したい。 【起業家の背中を押してあげられるような環境整備に関心】 ・これからは人材育成に力を入れていきたい。自身の経験を惜しみなく共有し、多くの起業志望家を支援する。初めて起業に挑む方が一人で悩まないような環境整備に力を入れていきたい。
強み等
（自分の強み、弱みを克服するために努力していることなどを記入）
【テクノロジーへの理解、スタートアップのゼロイチ経験、産学官連携の経験が強み】 ・茨城県庁にて産業政策を経験し、筑波研究学園都市の研究者たちとベンチャー事業の立ち上げ支援などを経験。県庁在職中に出向として、三井物産2年、独立行政法人科学技術振興機構1年出向経験あり。テクノロジーや産業を生み出すための一連のプロセスについて、アドバイスができるのが自身の強みである。 【グローバル、ローカル両面からの視点があるのが強み】 【異質なものの見方、考え方、オンリーワン発想があるのが強み】 ・構想力でリードできるので、一緒に実現する仲間集めをするために共感力を磨く努力をしている。
将来取り組みたい仕事や働き方等
（今後やってみたい仕事（職種）や働き方、仕事で達成したいことなどを記入）
・イノベーション分野に強いコンサルティングを行う事業をしたい。 ・バイオスタートアップ特有の課題を解決するようなプラットフォームを作りたい。 ・失敗を許容し、経験値をどんどん上げられるような文化醸成を促す番組（チャンネル）を作りたい。 ・次の時代の医療システムを考える職種に就きたい。
これから取り組むこと等
（今後向上・習得すべき職業能力や、その方法などを記入）
・グローバルを巻き込んで仕事ができるよう、英語コミュニケーション能力を磨く ・異質なものの見方、考え方をする人たちが集まるオンラインコミュニティを作る ・Newテクノロジー開発会社を支援する顧問契約を増やす。
その他
（以上から、自己PRやキャリアコンサルティングで相談したいことなどを自由記入）

02 自分の中にある強みからビジネスアイデアを作る手順

棚卸しは自分の資源一覧表

ビジネスの世界では、自分の資源をサービスに変えた付加価値を市場で交換して収益を得ます。この「自分の資源をサービスに変えた」ものがビジネスアイデアです。ただ、このように言ってしまうと「ビジネスを作るって大変だ」「どうやるか見当もつかない」と思われるかもしれませんが、大丈夫です。実はそれほど難しいことはありません。あなたオリジナルのビジネスアイデアは必ず見つかります。

では、順を追ってビジネスアイデアを作る方法を説明していきましょう。

スタートアップでは、何かしら自分の中に個人的な強い思い（↑これが自分の強み）があるとビジネスが強くなるのは、すでに述べた通りです。そして、その**強みはオンリーワンであること**が重要です。それには、独創性やインパクトのある自分を見つけていくことが大切になってきます。ですからまず、自分の棚卸し（内省）で出てきた内容を一覧にし、特に感情が絡んでいる部分や出来事を「**自分が持っている強い資源**」として眺めてみましょう。

オンリーワンは、強い資源のかけ算から見出していきます。一覧表から強い資源を2つ、3つと見つけられたらそれらをかけ合わせることで、強いオンリーワンを見つけることができるでしょう。その強いオンリーワンがいくつかできたら、今度はそれが特定のニーズに応えられるようなものであるかを検討していきます。それがビジネスアイデアとなっていきます。

また、アイデアを作る時は、あまり完成度を意識せずに、仮で構わないのでアウトプットを繰り返しましょう。

アウトプットをすればアイデアはどんどん変わっていきます。

Thinking transformed by making.（アイデアは作ることで変わる）

これは、スタンフォード大学で実際に教えられていることです。

アイデアを作るには、まずあなたの棚卸しから得られた強い資源同士のかけ合わせとして「やりたいこと」と「できること」の組み合わせを考えます。

それが**スタートアップのたね＝起業資源**となります。元来、起業というものは多様なスタイルがあるものですから、この時、複数の資源をかけ合わせるほど希少価値が出てきます。つまり、かけ算の回数が増えれば増えるほど、他人が簡単に真似できないビジネスアイデアにたどり着けるのです。

「やりたい」×「できる」＝「起業資源」

例えば、次のようなマトリックスを作って、**やりたい**と**できる**の組み合わせを考えてみます。

	内省で得られた資源		
できる／やりたい	英語	投資	マーケティング
高齢者向けサービス	高齢者向け英会話パートナー提供サービス	高齢者向け退職金運用アドバイス事業	高齢者向けSNSマーケティングサービス
人に安らぎを与えるサービス	英語でのヨガ事業	アート投資事業	音楽療法マーケティングサービス
人と人をつなぐコミュニティ事業	英語によるローカルガイド事業	ローカル投資家セミナー事業	クロスプロモーションマーケティングサービス

（行見出し：内省で得られた資源）

マトリックスを埋める上で、思いつかないところがあるのは仕方がありません。

次に、自分自身の希望する「業態」を決めます。**「業態」とはあなたが得意な「ビジネスのやり方」**を言います。ビジネスの世界ではどのような戦略や戦術を使って自分のビジネスを展開するか、利益を上げるかを競い合います。その際に「業態」はとても重要なポイントとなります。

スタートアップの「業態」には大きく分けて、**アプリ開発、製造（ものづくり）、サービス、販売（セールス）、ノウハウ提供（研修）**などが考えられます。「業態」を決める時は、それをさらに細かく見ていきます。

例えば、サービスで言えば人と接する有人対応にするのか無人対応にするのかで全く違う業態になります。販売（セールス）で言えば、人に接することが好きな人は店舗販売の形を選び、人と接することなく販売したいということならECサイトを選ぶことになります。

「業態」と似たものに「業種」がありますが、これは建設業、製造業、情報通信業などを言います。同じ業種でも、「業態」は企業によって異なっているように、「ビジネスのやり方」である「業態」は自分の性格や特性に合わせて考えるといいでしょう。

「業態」を決めたら、自分の資源が役に立つ「市場ニーズ」を設定します。「業態」と「市場ニーズ」の組み合わせからあなたのビジネスのアイデアを作っていくことになります。

こうして誰に、どのようにモノやサービスを届けるのかという基本的なアイデアを検討します。

「起業資源」×「業態」×「求められる市場ニーズ」

24ページで導き出した起業資源を例にすると次のようになります。

	起業資源		
	高齢者向け英会話パートナー提供サービス	英語でのヨガ事業	英語によるローカルガイド事業
アプリ開発（業態1）	高齢者と英語コーチとのマッチング＆コミュニケーションアプリ事業	英語ヨガトレーニング継続支援アプリ事業	多言語地方創生ローカルガイドマッチングアプリ事業
求められる市場ニーズ	意欲的な高齢者に対する経験豊富な英語コーチ	自宅でのヨガトレーニング	インバウンド旅行

	起業資源		
	高齢者向け英会話パートナー提供サービス	英語でのヨガ事業	英語によるローカルガイド事業
サービス※（業態2）	オンライン高齢者向け英会話提供事業	ビーチでのリアル英語ヨガ事業	旅行同伴英語によるローカルガイド事業
求められる市場ニーズ	健康への配慮や移動負担軽減を可能とする質の高い英会話	リゾート観光客のオプション	インバウンド個人旅行

※サービスは下線のように業態の種類がリアルかオンラインかでも違いが出てきます。

私の場合は、

「ロボットスーツを活用したい（起業資源）」

×

「人に直に接するリアル環境のサービス（業態）」

×

「病院退院後のリハビリ需要（市場ニーズ）」

という組み合わせでビジネスアイデアを想定しました。それで36歳の時に湘南ロボケアセンター株式会社を社内起業し、ロボットを活用したトレーニングジムを実現しました。一見難しいと感じるかもしれませんが、アイデアにたどり着くには、棚卸しをすれば選択肢が絞り込まれてくるものです。むしろ、当時の私はこれしか選びようがなかったくらいです。

湘南ロボケアセンターのトレーニング風景

▼よりよいビジネスアイデアの組み合わせを発見するには？

棚卸しをしてその組み合わせであなたのスタートアップアイデアを生み出すところまで見てきましたが、どうすればよい組み合わせを生み出せるのか迷うという人も多いかと思います。そこで次々と組み合わせを生み出していけるように、棚卸しから自分の強みを発見するための5つの視点を紹介しておきましょう。

それは**「経験」「知識」「スキル」「人脈」「情熱」**です。

これで**「やりたい」×「できる」**の部分の量産を行い、あなたしかできないオンリーワンな価値となる起業資源を見つけていきましょう。

「経験」

ノウハウがあるということはその経験を誰に使うか、何に使うか、どう加工して提供するかという具体性のある情報を持っているということです。成功、失敗どちらの経験も価値のある情報です。経験には時間という濃縮された価値が詰まっています。ノウハウを利用することで誰かの成功確率を高めてあげることができます。

- **海外での留学経験や海外旅行経験**を活かして、外国人向けの日本文化体験ツアーを企画する。
- **営業職での経験**を活かして、新規顧客獲得のための営業代行サービスを提供する。

・**転職経験**を活かして、転職エージェントサービスを提供する。
・**不動産業での経験**を活かして、賃貸物件の仲介業を始める。

「知識」

何に詳しいかという知識で優位性のある市場を選ぶことができます。また、ビジネスアイデアの組み合わせの幅も広がります。知識のあるまたは知識欲のある業界を選び、顧客心理を知っている顧客層をビジネスの相手にするなど、知識はあなたのビジネスの成功確率を高めます。

・**医療や栄養学の知識**を活かして、食事制限が必要な人向けの健康食品やレシピの販売を行う。
・**コンピューターサイエンスの知識**を活かして、ソフトウェア開発やＩＴコンサルティングを行う。
・**経済学や金融の知識**を活かして、投資アドバイザリーのサービスを提供する。
・**医療器具や医療材料に関する知識**を活かして、医療機器メーカーを立ち上げる。

「スキル」

全てができるという万能な人間はいません。自身の得意不得意はあらかじめ知っておきましょう。自分が何をどこまでやるのかという役割分担の意識が芽生えます。全て自分でやらないと気が済まない人はその部分が弱点になることもあります。自分のスキルを知ることは、できない部分は、他人に頼ったり、外注を使ったりと効率的な運営を考えていくきっかけにもなります。

・**写真や動画の撮影・編集技術**を活かして、ＳＮＳやＷｅｂサイト用のコンテンツ制作サービスを提供する。
・**料理や裁縫などの手芸技術**を活かして、手作り雑貨の販売を行う。
・**プログラミングやウェブデザインのスキル**を活かして、ウェブサイト制作の受託開発を行う。
・**絵画やイラスト制作のスキル**を活かして、オリジナルのアート作品の販売を行う。

「人脈」

人を知っているということはビジネスにおいて大きな価値となります。これからの時代は世界が市場となります。グローバルに人を知っていることで、日本だけではなく世界でビジネスができるチャンスが広がります。あなたが人をつなぐだけでもビジネスになります。有効な人脈の棚卸しはあなたのビジネスの可能性を無限に広げてくれるのです。

・**ファッション業界での人脈**を活かして、有名ブランドの商品を輸入販売する。
・**スポーツクラブでのコーチ経験で得られた人脈**を活かして、子ども向けのスポーツ教室を開催する。
・**政界や行政に関する人脈**を活かして、ロビー活動や政治家のイメージアップ支援を行う。
・**プロスポーツ選手やコーチとの人脈**を活かして、スポーツキャンプの運営やスポーツ用品の販売を行う。

「情熱」

経験・知識・スキル・人脈というのは自分が「できること」です。

一方、「情熱」は自分が「したいと強く願う心」です。「できること」と「したいこと」が合致した時に人は大きなエネルギーを発生させ、没頭することができるようになります。また、怒りというのも情熱の大きな部分に関係します。社会に対する怒りという要素はスタートアップの原動力になることが多いです。

それから、時間をかけて取り組んできたことやお金を注ぎ込んできたこと、ワクワクすること、苦もなくできていることなどもこの情熱の視点でのヒントになります。

・**環境問題に関する情熱**を活かして、リサイクル商品の販売や環境に配慮した製品の開発を行う。

・**動物愛護に関する情熱**を活かして、ペットホテルやペットシッターのサービスを提供する。

・**ベジタリアンやヴィーガンに関する情熱**を活かして、ベジタリアン向けの飲食店を開業する。

・**サステナビリティに関する情熱**を活かして、再生可能エネルギーの普及促進やエコロジカルな製品の販売を行う。

〈怒り〉

・**現代社会のストレスや過剰な労働に対する怒り**を活かして、オンラインカウンセリングやメンタルヘルス支援のサービスを提供する。

・**エコロジーに対する怒り**を活かして、プラスチックフリーの商品を販売する。

〈時間やお金を注ぎ込んできたこと〉

・**長年の時間とお金をかけてきたカフェ好き**の人が、自分好みのコーヒーショップを開業する。

・**ダイエットに熱心に取り組んできた**人が、自分が体験した方法を活かして、オンラインダイエットプログラムを提供する。

〈ワクワクすること〉

・**冒険旅行が好き**で、自分で企画した旅行を友人たちに提供する旅行代理店を開業する。

・**ブランド好き**で、自分のセンスを活かして、オリジナルのファッションブランドを立ち上げる。

03 自分の想いをゴールデン・サークルに当てはめオンリーワンのアイデアを見つける

▼もっと強いオンリーワンのビジネスアイデアを見つける方法

これまで、「できる」×「やりたい」から導くビジネスアイデアを見てきました。

ここではさらに気合を入れて、自分の強みを一つずつカード化して、組み合わせを考える、オンリーワンのアイデアを見つける方法を紹介しましょう。無数の組み合わせの中から自分だからやれることを見つけるための絞り込みの作業をします。先程の5つの視点から選んだ資源を書き出したカードを並び替えながら検討項目（次ページ図参照）の**①誰に、②どんな価値を、③何を、④どうやって**、とかけ合わせてみましょう。この時、できるだけ「異質な」「グローバルで通用する」「誰も思いつかないような発想」の組み合わせとなるようにします。例として私のケースを書いてみましたので参考にしてください。

組合わせパターン1には私のCYBERDYNE（サイバーダイン）時代の社内起業（湘南ロボケアセンター）について、組み合わせパターン2には一昨年に起業したNERV（ネルフ）のバイオスタートアップ起業支援事業について書いてみましたので参考にしてください。

検討項目	私の起業資源組合せ パターン1 「湘南ロボケアセンター」	私の起業資源組合せ パターン2 「株式会社NERV」
① **誰に** (whom)	病院退院後の 身体の弱い方 **［経験］**	20代から30代の 大企業に勤める サラリーマン研究者 **［人脈］**
② **どんな価値を** (what kind of value)	ロボットスーツという 最先端テクノロジーを、 専門指導がついた形で いつでも安全に 利用できる環境 **［知識］**	自分にしか作れない 世界観のある スタートアップを 作る環境 **［経験］**
③ **何を** (what)	身体機能改善に向けた 民間トレーニング **［経験］**	起業家になるための 作法を知る バイオスタートアップ 志望者のネットワーク **［スキル］**
④ **どうやって** (how)	トレーニング サービス施設 **〈リアル環境〉**	マッチング プラットフォーム **〈アプリ〉**

①②③→「経験」「知識」「スキル」「人脈」で作成したカードから組み合わせが適当なものを3つ選択する
④→自分に合った「業態」のカードから当てはまるものを選択

ここで、組み合わせがなかなか思いつかないという方へ。

まずは、「オズボーンの9つのチェックリスト」と「マインドマップ」をご紹介します。

オズボーンの9つのチェックリストですが、アイデアが出ない時やアイデアを膨らませる時に使えます。強制的にアイデアをひねり出す、アイデア抽出の手法です。

次ページ上の表の9つの問いに答える形で発想の飛躍ができるので、思いも寄らないアイデアが生まれることもあります。

ブレーンストーミングの考案者である、A・F・オズボーンによる発想の法則ですので、試してみてください。

次に**マインドマップ**です。

マインドマップは頭に浮かぶ言葉を書き出していく方法です。これは英国の著述家であり教育者のトニー・ブザンが考案した思考の表現方法で、脳の自然な働きを活かしたノートとして世界中で使われています。

マインドマップは脳の特性を活かした自然な思考表現であるため、創造性を高め、記憶や学習、発想などに高い効果を発揮します。

[オズボーンの9つのチェックリスト]

1. 転用 ●改良・改善して新たな使い道はあるか？ ●そのままで新しい使い道はあるか？	2. 応用 ●他に似たものはないか？ ●過去に似たものはないか？ ●何か真似できないか？	3. 変更 ●形や機能を変えてみたらどうか？ ●意味、色、動き、音、匂い、様式、型などを変えられないか？
4. 拡大 ●大きくしたらどうか？ ●時間、頻度、高さ、長さ、強さなどを拡大できるか？	5. 縮小 ●小さくしたらどうか？ ●時間、頻度、高さ、長さ、強さなどを縮小できるか？	6. 代用 ●他の素材ではどうか？ ●他の工程は使えないか？ ●他の部品に変更できないか？
7. 再配置 ●要素を取り替えたらどうか？ ●他のパターンにできないか？ ●原因と結果を入れ替えたらどうか？	8. 逆転 ●反対にしたらどうか？ ●順序を逆にしたらどうか？ ●上下を逆にしたらどうか？	9. 結合 ●目的を組み合わせたらどうか？ ●作業を組み合わせたらどうか？ ●アイデアを組み合わせたらどうか？

[マインドマップ]

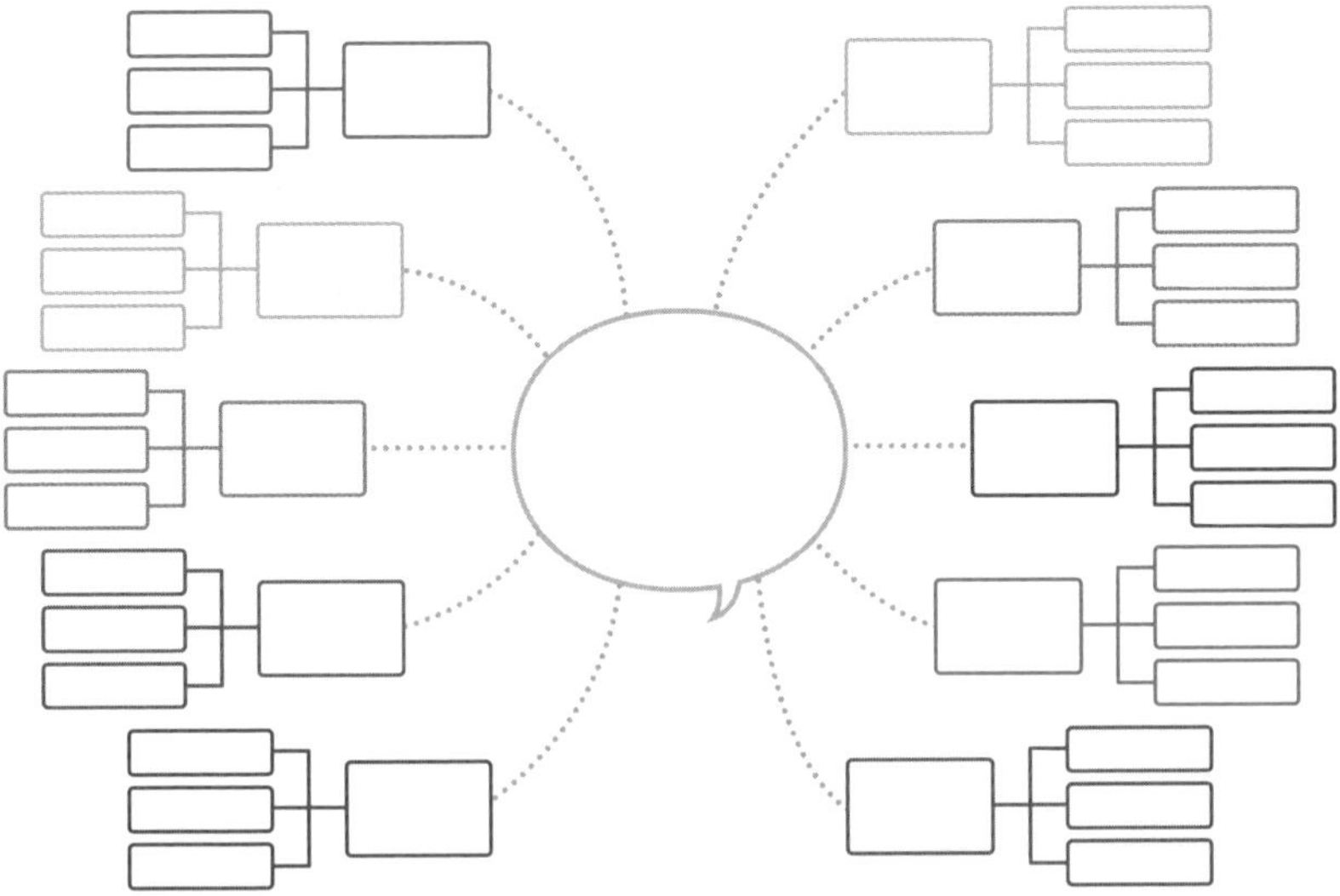

ゴールデン・サークルのWHYに答える

オンリーワンのビジネスアイデアにたどり着くには、強烈な個人の想いが大切です。そのためのツールとしてゴールデン・サークルを紹介します。

世界中でベストセラーになった『WHYから始めよ！』（日本経済新聞出版）著者のサイモン・シネックは、社会を巻き込む力を持つリーダーは、「WHAT」ではなく、「WHY」から考え始める点が共通していると述べています。下図は、同書に出てくるゴールデン・サークルの図です。

同心円の一番外側にある「WHAT」とは、モノやサービスを表しています。次にその内側の「HOW」は、どのような営業手法で提供するかという業態を表しています。

そして一番重要な核心的価値となる「WHY」に注目してほしいです。ここが個人の想いに該当する部分です。

これまで見てきた自分の強みから導き出したビジネスアイデアの組み合わせを、自分の想いであるWHYの部分に当て

［ゴールデン・サークル］

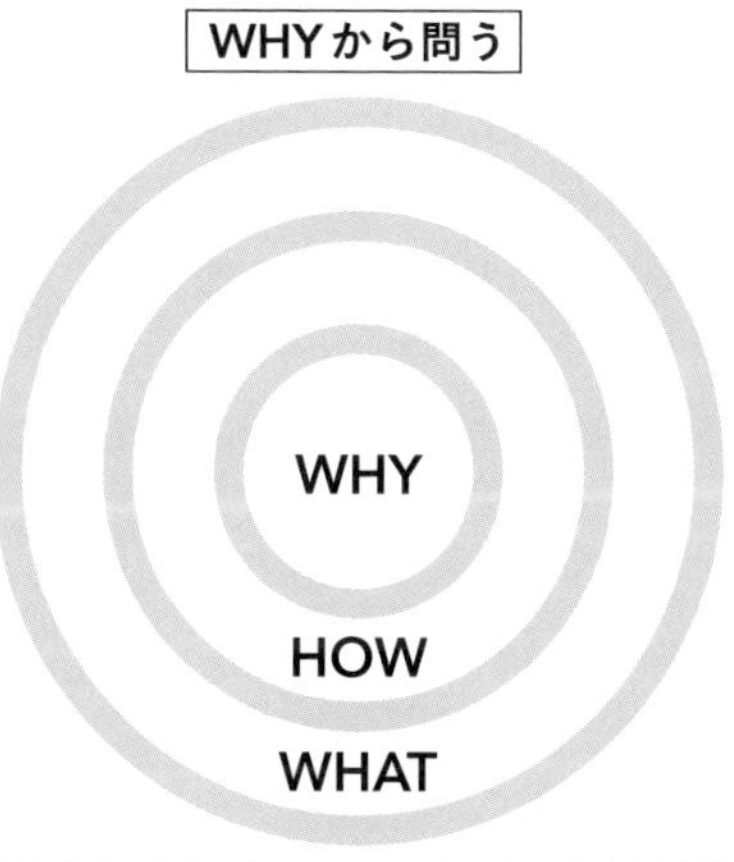

出典：『WHYから始めよ！』（サイモン・シネック・著／日本経済新聞出版）

はめてみましょう。なぜ、このビジネスをやるのかを自分の言葉で考えるのです。

▼WHYを起点にする理由

「3人のレンガ職人」の有名な例え話をご存じでしょうか。道端で3人がレンガを積んでいると想像してみてください。そこに通りかかった人が3人に順に尋ねていくのです。「あなたはなぜレンガを積んでいるのですか？」と。1人目は「仕方なく上長の命令でレンガを積んでいると答えました。2人目は「給料をもらうためにレンガを積んでいる」と答えました。3人目は「後世に残る偉大な大聖堂を作るためにレンガを積んでいる」と答えました。

これらはそれぞれモノやサービスを提供する際の心構えが違います。どのレンガ職人の想いが強いかは一目瞭然でしょう。1人目と2人目のレンガ職人はモノやサービスの提供だけにフォーカスしている労働者を表しています。つまり、同心円上の「WHAT」にフォーカスしているので、その仕事の意味を考えずにひたすら作業をしている状態です。他方、3人目のレンガ職人は「後世に残る偉大な大聖堂を作るため」という仕事の価値、「WHY」にフォーカスして意味に即した個人の想いで仕事をしています。WHYを起点にすることが、起業家本人の内発的動機やエンゲージメント（思い入れ）を引き出し、事業の迫力や推進力を高めてくれるのです。

なお、アイデアにさらに磨きをかけるため、40ページにチェックリストを掲載していますので併せて利用してください。

検討項目	起業資源組み合わせ1	起業資源組み合わせ2
① 誰に (whom)	病院退院後の 身体の弱い方	20代から30代の 大企業に勤める サラリーマン研究者
② どんな価値を (what kind of value)	ロボットスーツという 最先端テクノロジーを、 専門指導が付いた形で いつでも安全に 利用できる環境	自分にしか作れない 世界観のある スタートアップを作る環境
③ 何を (what)	身体機能改善に向けた 民間トレーニング	起業家になるための 作法を知る バイオスタートアップ 志望者のネットワーク
④ どうやって (how)	トレーニング サービス施設 〈リアル環境〉	マッチング プラットフォーム 〈アプリ〉

	↓	↓
	ビジネスアイデア1	**ビジネスアイデア2**
	↓	↓
	Whyを加える	**Whyを加える**

⑤ なぜやるのか (Why) ➡「情熱」個人の想いの部分のカードから選択する	身体の弱い方の 身体機能を改善し、 老老介護をなくしたい。 **[情熱]**	日本からユニコーンと なって世界に輝く スタートアップを 1000社作りたい **[情熱]**

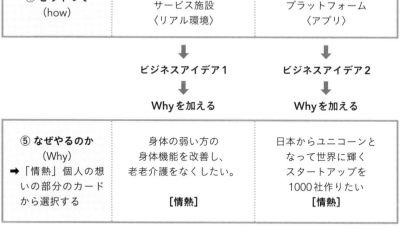

スタートアップアイデアチェックリスト　7つの視点

客観的に自身のアイデアを確認する時に役立ちます。
全てを満たす必要はありません。

1　オリジナリティ

- ☑ あなた自身の内省（リフレクション）から出たアイデアですか
- ☑ あなたの強みが活かされていますか
- ☑ オンリーワンと言えますか

2　好奇心

- ☑ 常識を疑ったものですか
- ☑ 業界の歴史、業界の地図を眺めましたか
- ☑ すでに関連した成果（プロトタイプなど）がありますか

3　ぶっ飛び度

- ☑ 誰かに話す時、簡単に理解されるようなアイデアではないですか
- ☑ ビジネスモデルコンテストで評価されづらい独特なアイデアですか
- ☑ とんとん拍子にいかないことを実感していますか

4　顧客の課題理解度

- ☑ 具体的な顧客は誰ですか
- ☑ 顧客はその課題を今どのように解決していますか
- ☑ 顧客のペインは何ですか

5　ソリューション妥当性

- ☑ 今すぐあなたのソリューションを欲しがる人はいますか
- ☑ キャッチフレーズは何ですか
- ☑ 製品・サービスが利用されているシーンを描いてください

6　タイミング

- ☑ なぜ今のタイミングなのですか
- ☑ 競合他社はありませんか
- ☑ 時代が追いついていますか

7　マーケット

- ☑ 確実に契約してくれる顧客が最初から一人でもいますか
- ☑ 市場独占するための戦略はありますか
- ☑ マーケットは未開拓ですか

04 会社のVisionの作り方

▶▶Visionとは

あなたはどんな人生を歩みたいですか。

そう聞かれた時の問いの答えが「人生のVision」というものです。ここでは、起業する時のVisionについて考えてみます。

試しにあなたの知っているスタートアップ企業のホームページを開いてみてください。ほとんどの会社でこのVisionに関する言葉が書かれていると思います。

ちなみに私の経営するNERVでは次ページのようなVisionを掲げています。

あなたがこれから起業しようと考えているのはどんな会社でしょうか？

起業する時には、自分の人生のVisionが大事になってきます。なぜなら個人の想いが会社のVisionに大きく影響してくるためです。

これまでも説明してきましたが、スタートアップは個人の想いを起点に起業するものです。よって、起業したい会社のVisionが創業者（つまり、あなた）のVisionと同じ軸であれば、行動と思考に一貫性が出てくるため、きっと強いビジネスを作っていけるはずです。

では、想いの強いVisonとはどのようなものか、考えていきましょう。世界的に支持されているビジネス書に、『ビジョナリーカンパニーZERO ゼロから事業を生み出し、偉大で永続的な企業になる』（ジム・コリンズ、ビル・シアラー、土方奈美・訳／日経BP）という本があります。Visionについてはこの本で詳しく取り上げられているので、ぜひ手にして読んでみてください。

まず、Visionとは何かについてですが、ビジョナリーカンパニーの著者のコリンズは次のように書いています。

「時代を超えて存続する偉大な企業を作りたいなら、
ビジョンが必要だ」

ジム・コリンズ

コリンズによると、Visionとは次の3つで構成されると言います。

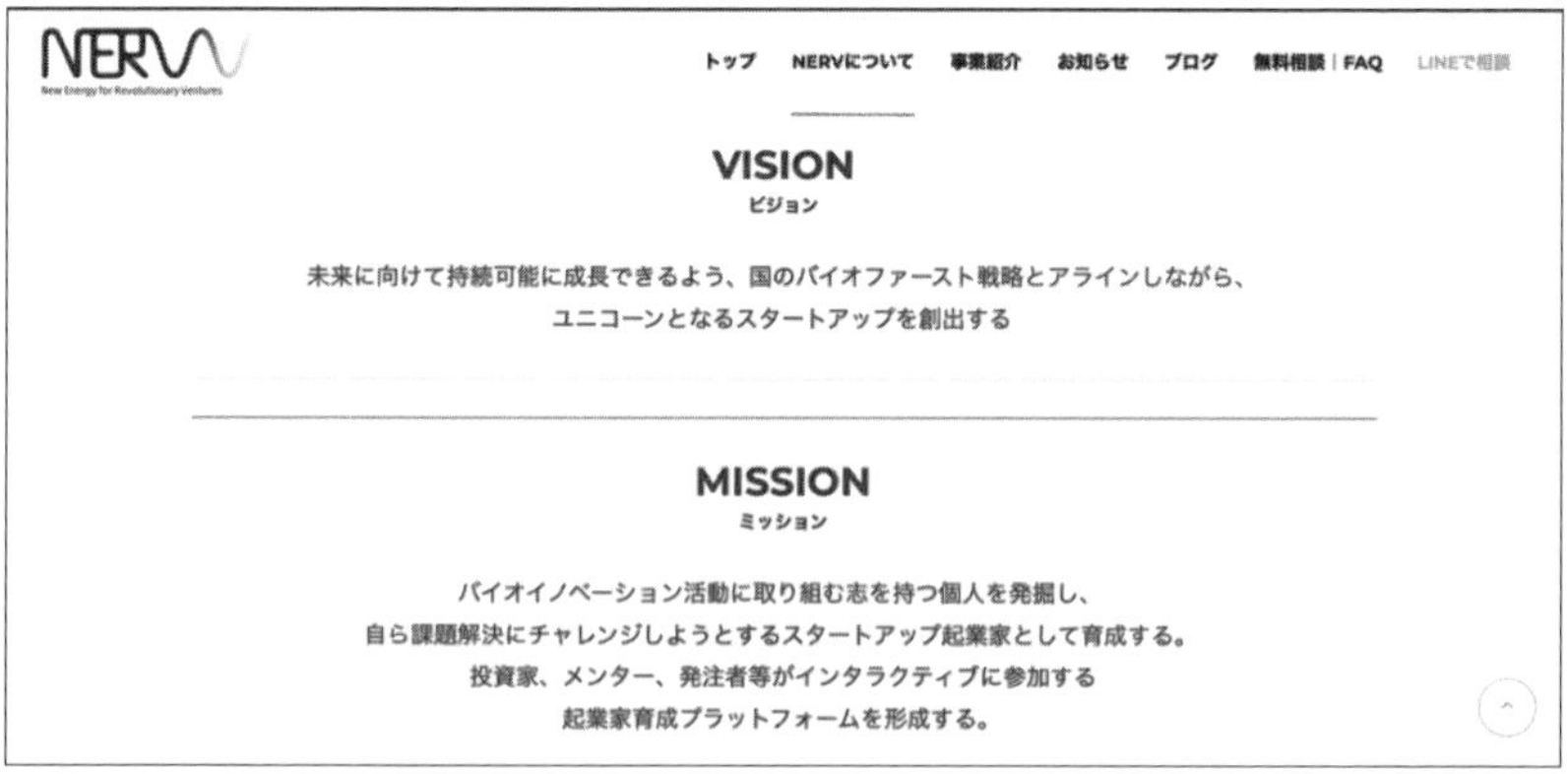
NERV
New Energy for Revolutionary Ventures
トップ
NERVについて
事業紹介
お知らせ
ブログ
無料相談｜FAQ
LINEで相談
VISION
ビジョン
未来に向けて持続可能に成長できるよう、国のバイオファースト戦略とアラインしながら、
ユニコーンとなるスタートアップを創出する
MISSION
ミッション
バイオイノベーション活動に取り組む志を持つ個人を発掘し、
自ら課題解決にチャレンジしようとするスタートアップ起業家として育成する。
投資家、メンター、発注者等がインタラクティブに参加する
起業家育成プラットフォームを形成する。

● コアバリューと企業理念（核となる価値観と理念）
● パーパス（存在意義）
● ミッション（使命）

これらを自分自身の心と会話して、言葉にするのです。良いVisionを作るためには、具体的、長期的、野心的であることを心掛けて策定するようにします。

では順を追ってみていきましょう。

［Visionの構成要素］

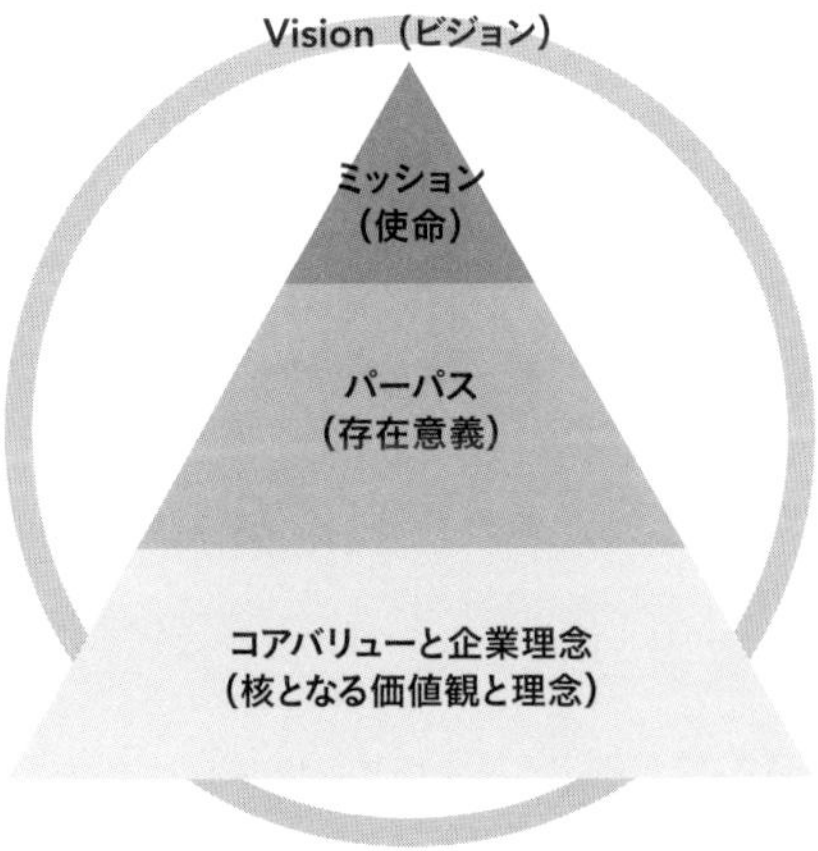

コアバリューと企業理念（核となる価値観と理念）

コアバリューと企業理念は一度決めたらほぼ変わることがない項目になりますので、じっくりと腰を据えて考えていきます。

企業経営を行う上で重要なのがコアバリューです。このコアバリューが話題になったのは2016年。アメリカのビジネス誌フォーブスが発表した「優良中小企業ランキング」に掲載された上位半数がコアバリューを公開していたという事実からです。なぜ、コアバリューを設定して公開することが企業を成長させるのかという因果関係はさておき、先のような事実から世界的にコアバリューを明確化することが経営の定石となりました。

では、コアバリューとは何であり、そのメリットは何なのでしょう？

コアバリューとはその名の通り**「核となる価値観」**を指しています。これは主に、創業者の価値観を表したものといえ、これを設定し、見える化することで創業者の思いを組織や社会に浸透させることが可能となります。その設定手順については、次の3ステップを踏みます。

①経営者として自分の価値観を明確にする
②経営者として自分の価値観を他者が理解できる言葉に置き換え、定義する
③見える化して共有し、「共感」を促す

コアバリューが定まり、共感を得られると何が起きるかというと、仲間が増えたり、お客様が増えたり、企業としての組織力が強くなります。これがコアバリューを設定することの大きなメリットであると言えるでしょう。ですから、ぜひスタートアップで起業をする際には、コアバリューを設定するようにしてください。

次に、企業理念です。

企業理念とは、その会社が最も大切にしている考え方、価値観を意味します。

具体的には、「なぜ、会社が存在するのか」「何を目的として経営を行うのか」「どこに向かって企業活動を行っているのか」といった会社としての使命や思想、存在意義、あり方、さらには

社員の行動規範となる内容を明文化したものになります。

これと似た言葉に経営理念がありますが、こちらは、その時代の経営者の価値観を表したものであって、経営者が代わると経営理念は変わります。その点、企業理念は経営者が代わっても変化しません。

そして、企業理念は、この後説明するパーパス（存在意義）の土台になる部分となります。

Visionを作成する際に、最初に考えるべきコアバリューと企業理念について、700字から800字以内くらいで書けるように準備するとよいでしょう。それぐらいの分量があれば、さまざまな形で短縮バージョンなどを用意できると思います。

▼パーパス（存在意義）

パーパス（Purpose）は、100年は変わることのないもの。つまり、あなたの事業が存在する根本的理由を言います。

パーパスは、2019年に米国トップ企業が所属する財界ロビー団体「ビジネス・ラウンドテーブル」が、「企業のパーパスに関する宣言」を発表したのをきっかけに注目され始めました。

宣言では、行きすぎた株主資本主義を否定し、代わりに全てのステークホルダーへの配慮を目指す「ステークホルダー資本主義」への転換を表明したことが画期的なことでした。

世界で注目されたパーパスが日本でも注目されるようになった時代背景として次の3つが考え

られます。まずは、**VUCA※の時代（80ページ参照）が到来し、将来の予測が難しくなり、既存の価値観やビジネスモデルでは通用しなくなってきた**ことが挙げられます。環境の変化に迅速に対応するためには、組織内の判断の軸がぶれていてはなかなか意思決定ができません。従業員を鼓舞し、共感を得るためにパーパスを明確にしておくと会社にとって都合がよいのです。

次に、**戦略や組織の多様化**が挙げられます。今、新卒一括採用、終身雇用といった日本型雇用環境が崩れ、劇的に変化しています。そして、グローバル市場への参入、ジョブ型雇用、従業員の多国籍化など、戦略・組織の多様化が進んでいます。

こういう状況下で、従業員一人一人のベクトルを揃えるために必要なものとして注目されるようになったのがパーパスです。ダイバーシティ環境を整える企業も増えてきていることから、今後ますますこのパーパスの設定は重要になってくると考えられます。

最後に、**社会的意義が重視される風潮になっている**ことが挙げられます。企業の長期的成長のために「ＥＳＧ（環境・社会・ガバナンス）」の観点で取り組みを行う企業が増加していることからも明らかですが、本業を通じて社会的課題を解決し、企業の成長や価値向上につなげていくという発想が今のビジネスにおける主流になってきています。つまり、社会的意義を重要視するパーパスが時代にあったものとして必要になってきているのです。

先に考えた企業理念をベースにして、なぜ自分が考える事業が社会に存在するのかについて、

VUCA（ヴーカ）
VUCAとは「Volatility（ボラティリティ：変動性）」「Uncertainty（アンサートゥンティ：不確実性）」「Complexity（コムプレクシティ：複雑性）」「Ambiguity（アムビギュイティ：曖昧性）」の頭文字をとった言葉で、変動性が高く、不確実で複雑、さらに曖昧さを含んだ社会情勢を示す。

その答えとなるパーパスを見つけましょう。
策定のポイントと見つけ方については次に示す通りです。

【パーパス策定のポイント】

- 1から2文で終わるようにして、わかりやすい表現にすること
- 企業理念がベースになっていること
- 実現可能性があること
- 企業の成長を予見させる内容であること
- 従業員の心を鼓舞する内容であること
- 社会的意義を持った内容であること

【パーパスの見つけ方】

WHYを5回唱える

1回目　なぜその事業をやるのか？
2回目　（1回目の答えに対して）なぜそうなのか？
3回目　（2回目の答えに対して）なぜそうなのか？
4回目　（3回目の答えに対して）なぜそうなのか？
5回目　（4回目の答えに対して）なぜそうなのか？

5回目の答えがわかりやすい言葉になっているか?→これが事業を行う理由、パーパス（存在意義）となる。

▼ミッション（使命）

最後にミッションです。

ミッションとは、**「会社が成し遂げたい目標」**や**「会社が果たすべき使命」**のことを指します。もう少しかみ砕いて言うならば、全社員が集中して取り組めば成し遂げられそうな、明快で説得力のある目標となります。

先にコアバリューと企業理念、そしてパーパスの設定によって実現したい理想を掲げましたが、同じビジョンの構成要素であるミッションは、その理想を叶えるための手段と言ってもいいでしょう。

ミッションはビジョンの構成要素の中で、一番具体的な時間軸のあるもので、設定したミッションが完了したらまた新たに設定するものでもあります。経営学者のピーター・F・ドラッカーが提唱する「MVV（ミッション・ビジョン・バリュー）」では、優れたミッションを設定するために、次の3つの条件を満たす必要があることを説明しています。

優れたミッション策定のポイント（ピーター・F・ドラッカー）

- そのミッションは社会に受け入れられる必然性がある
- 自社の強みを活かすことができるミッションである
- そのミッションは組織に浸透しやすいものである

ミッションは、しばしばＢＨＡＧ（Big Hairy Audacious Goal）と呼ばれます。訳すと、社運を賭けた大胆な目標となります。つまり、人を奮い立たせるような長期の目標であるわけです。

ミッションは、完了までに10年から25年は要するような計画ですが、それを達成可能だと信じて会社の限界を超えられるように挑戦していくのがスタートアップの醍醐味でもあります。ぜひ、大胆なミッションを設定して、会社の急成長を成し遂げるチームを作ってください。

05

イノベーションを起こすとは何か？

イノベーションの父

そもそもイノベーションとは何でしょうか。最近、新聞やテレビでもよく聞く言葉だと思います。語源から探れば、イノベーション(innovation)という言葉は、「～の中へ(in)」+「新しい(novare)」+「事を表す(tion)」という具合に分解できます。よって**新しい方へ向かって行動を起こすこと**、とイメージできるでしょう。

私にとって、イノベーションという響きはとてもワクワクするものです。なぜかというと、まだ誰もやったことのない、未開の地に冒険に行くようなイメージを持っているからです。

このイノベーションという言葉を世界で初めて使った人がいます。イノベーションの父と言われるオーストリアの経済学者のヨーゼフ・シュンペーターです。彼は若くして財務大臣を経験するなど、大変優秀な人でした。シュンペーターは言葉を創作する天才でもあり、「イノベーションとは、現在みんなが普通に思っているものを、創造的に破壊して、経済発展を促すこと」と表現しました。

さらにシュンペーターは馬車と機関車を比べてこう続けます。「馬車を10台つないでも機関車にはならない」、つまり、今までと全く違うようなことがそこに起こらなければイノベーションは起きないということを強調しました。それを創造的破壊（creative destruction）と言います。

創造的に破壊するためのコツがあります。これもシュンペーターが提唱しているやり方ですが、新しい組み合わせを考えるということです。

「イノベーションは新しい組み合わせから始まる」

ヨーゼフ・シュンペーター

以下の領域で、新しい組み合わせを考えるとイノベーションが起きると言っているのです。

- 新しい「製品」の導入
- 新しい「生産方法」の導入
- 新しい「市場」の創造
- 新しい「原材料供給源」の導入
- 新しい「組織」

▼▼イノベーションはその始まりを誰もが気づかない

イノベーションという言葉に似ているものに新規事業（new business）や発明（invention）という言葉があります。新規事業は新しく始めるビジネス、発明はこの世の中にまだなかったものを見つけるという意味ですが、イノベーションとの違いがあります。その違いは**時間軸**です。

イノベーションの本質は、**新規事業や発明から生まれた、創造的破壊を伴った製品・サービスが人々の暮らしの中に定着し、それを通じて人々の行動が変わることを指す**と言えます。そこまでやって初めてイノベーションなのだと、後世の人々が歴史を遡って評価するのです。

つまり、イノベーションというものは、世に出てから人々の暮らしが変わるまである程度時間を必要とするものなのです。新規事業や発明は、イノベーションのたねの可能性はあっても、イノベーションと言ってもらえるようになるまでは社会で揉まれなければなりません。また、そこにはその時代の世界情勢なども影響し、結局人々が消費行動の中で採用して、完全に行動を変えるところまでやって初めてイノベーションと言えるわけです。

最近の事例では、ＺＯＯＭがイノベーションであると言えるでしょう。その理由は、オンラインで仕事をするコミュニケーションが定着したと言えるからです。コロナ禍になり、人々は仕事を在宅ですることを選ばざるを得ませんでした。自宅でお客様とビジネスをするための最良の手段は何かと手探りしていた頃を思い出します。試行錯誤で始めたオンライン会議が、予想よりもコミュニケーションが取れるとわかり、オンラインミーティングは当たり前になりました。これは定着が早かったです。コロナ禍というこれまで人類が経験したこともない緊急事態がその定着を早めました。

こうしてZOOMを使うことが当たり前になった社会を私たちは今、生きています。そして、オンラインという手段を手に入れた私たちは、コロナ前と後の世界の違いを明確に感じることができています。こういうことをイノベーションと言うのです。

ルールを新たに作る側に回る

一旦起きたイノベーションは次々と人々の行動を変えようとしていきます。イノベーションの連鎖です。これは、シュンペーターが言っているように、新しい組み合わせが作りやすいから起きるものであると言えます。

オンライン診療がその一つです。オンラインが普通になった世界において、オンラインと医療を組み合わたオンライン診療は、コロナ禍にあって、取り組む医師と利用する患者が出てきたことで、新しい市場を生み出しました。厚生労働省も当初は暫定的な解禁としていましたが、恒常的な措置へと変えました。運用してみて規制、法律を変え、新しいルールを作ることでイノベーションが生まれたのです。

新しい組み合わせの中には、現状のルールを変えると実行できるビジネスモデルがあります。規制緩和や規制創造というルールを新たに作る側の発想で未来を作るのもスタートアップの醍醐味です。

もちろんそれは、よりよい社会にするために既得権を得た市場と対峙することになるため、大変な仕事になる可能性はあります。しかし、誰かがそれをやらなければ社会がよくならないのですから、勇気ある第一人者が現れればイノベーションが起きる可能性が出てきます。

私は、このようなチャレンジャーを応援するのは、規制緩和によるイノベーション創出を経験してきた者の役割でもあると考えています。

歴史的に見て日本人は世界と比べると世界標準となるルールを作ることが不得手です。欧州のスタンダードである国際標準化機構（ＩＳＯ）は国際基準であっても、日本のＪＩＳは現状、世界で採用される基準にはなっていません。

しかし、日本でもスタートアップ熱が高まることで、得意分野においてルールを新たに作る側に回るチャレンジャーが多く出てくることでしょう。また、その日はそんなに遠い未来でもないと私は考えています。

06 破壊的イノベーションと持続的イノベーション

▼スタートアップの成功は破壊的イノベーションにある

破壊的イノベーションとは、1997年にハーバードビジネススクールの教授だったクレイトン・クリステンセンが著書『イノベーションのジレンマ』（玉田俊平太・監修、伊豆原弓・訳／翔泳社）で提唱したイノベーションの種類の一つです。

これは、既存の事業の安定した状況を打破し、その事業の業界を変えてしまうくらいのインパクトをもたらすことを指します。

例えば、日本の事例で言うとドコモが提供していたｉモードがあります。これは、携帯電話でインターネットにアクセスするという画期的な発想でした。

携帯電話の機能はここから広がったと言えるでしょう。単に電話する機械という捉え方を打破し、携帯電話の業界の常識を変えたのです。

ドコモ「i-モード」

携帯電話の契約者が急激に伸びた1999年に、世界で初めての携帯インターネットとして登場したi-モード。ほんの数年のうちに、世界でも珍しい携帯インターネット市場をゼロから創り出しました。後にAppleやGoogleがスマホのアプリエコシステム構築にあたり、i-モードを参考にしたのは有名な話です。

このように、従来製品が持つ常識的な価値を破壊し、新しい価値、ニーズを生み出すのが破壊的イノベーションです。そしてこれは、新しい技術や新しいビジネスモデルによってもたらされます。スタートアップで起業を目指すのであれば、やはり破壊的イノベーションであることが求められます。それこそがスタートアップの面白いところです。

破壊的イノベーションは2種類

破壊的イノベーションには「**新市場型破壊的イノベーション**」と「**ローエンド型破壊的イノベーション**」の2つがあります。どちらも「業界の当たり前」を打破することによって、一気にマーケットリーダーに躍り出ることを可能とします。

新市場型破壊的イノベーションは、既存の市場に新たな技術やアイデアを持ち込み、全く新しい価値を創造し、顧客の気づかなかったニーズを新たに作り出す（ニーズ創出）イノベーションです。先程のｉモードの事例は、新市場型になります。

一方、ローエンド型破壊的イノベーションとは、今ある製品やサービスよりも低価格で、かつシンプルな製品・サービスを提供するイノベーションのことです。例えば、駅ナカなどに立地しているＱＢハウスがあります。私も掃除機のようなもので髪を吸い取られた時は衝撃的でしたが、今では普通になりました。まさに、身近に定着したイノベーションです。

ＱＢハウス

髭剃りやシャンプーはしない。ビジネスマン向けに速く、安く髪を切るＱＢハウス。安く提供できるように、カット以外のプロセスを簡略化するオペレーションを徹底的に突き詰めたローエンド型破壊的イノベーションの成功事例。

スタートアップのビジネスモデルを考える時に、どの種類の破壊的イノベーションに取り組むのかという視点だとワクワクして考えることができます。

▼▼持続的イノベーションが得意な大企業に差をつけろ

持続的イノベーションとは、既存の市場において顧客に求められている価値をさらに向上させることでイノベーションを起こすことを指します。

このイノベーションは主に大企業が得意とするところです。既存の顧客の満足度を向上させるよう、さらなる改善と改良を重ね、顧客の意見や要望に応えていくやり方です。既存顧客がいないスタートアップには持続的イノベーションは向いていません。既存市場で成功を収めている大企業や中小企業は、今の市場でビジネスを続けるほうが大きな収益を見込めるので、収益性が低く市場が小さい新興市場にはあまり関心を持ちません。

スタートアップによって破壊的イノベーションが起き、新市場が誕生しても、既存の大企業や中小企業は自ら進んで参入するリスクを取るより、しばらく様子を見るという選択をしがちです。そのタイムラグをうまく利用するのがスタートアップの最大のポイントとなります。

既存の大企業や中小企業が破壊的イノベーションの領域に入ってこないうちに、スタートアップは市場のシェアを獲得するのです。スタートアップは時間との勝負と言われる所以はここにあります。

［2つの破壊的イノベーション］

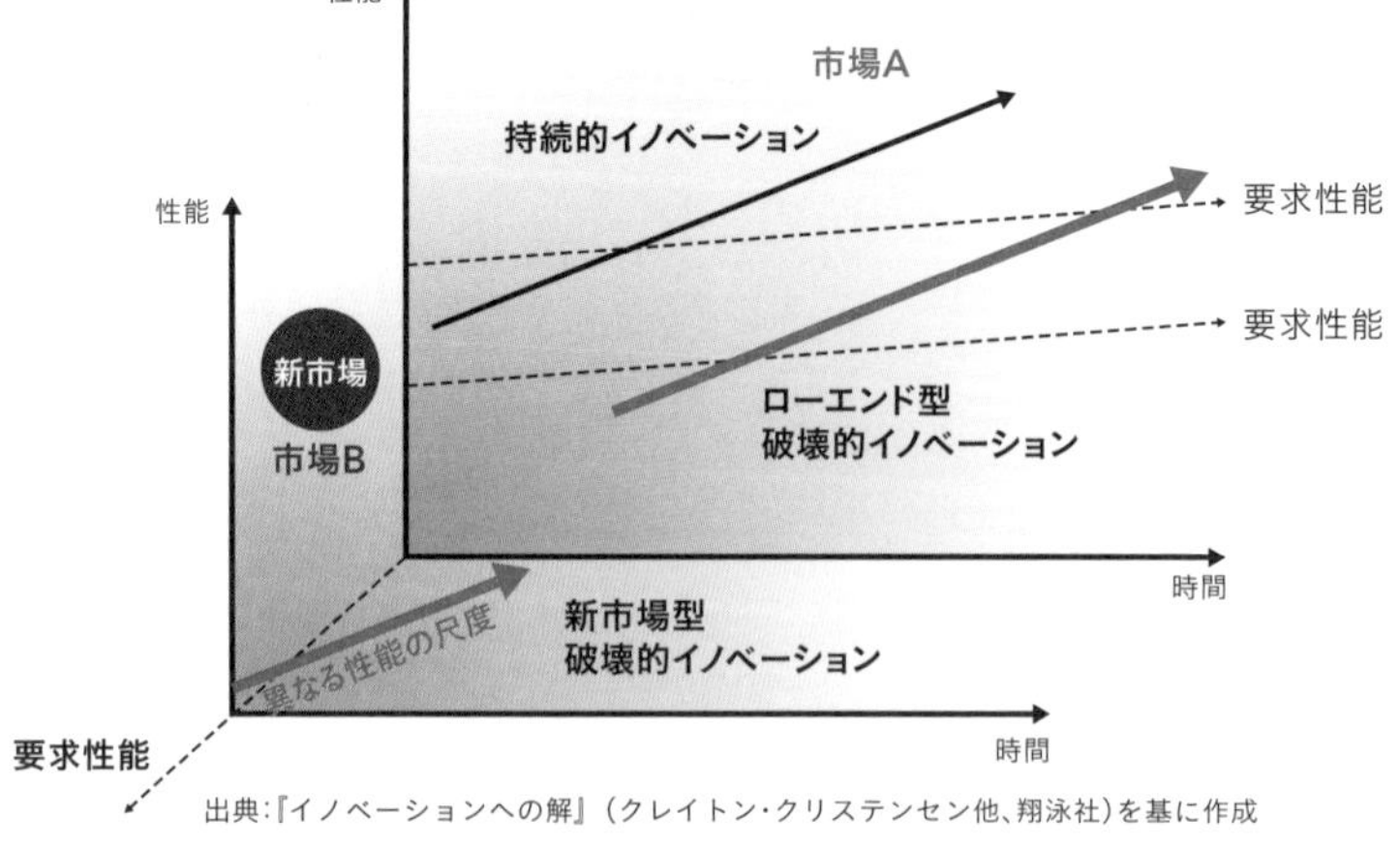

出典:『イノベーションへの解』（クレイトン・クリステンセン他、翔泳社）を基に作成

07 一人の顧客からアイデアを広げる

マーケティングで身につけたい「N1分析」

あなたはこういう経験をしたことはないでしょうか。

マーケティングの本を買って、その理解や使いこなしのためにたくさん時間を費やしたものの、自分の軸となるマーケティング手法が身についていない。

どうしても目的や戦略よりも個別の手法に意識が向きがちになってしまい、肝心のマーケティングが効率よくできていない――。

世の中にはテクノロジーの発展により次々とマーケティングツールやサービスが登場しています。その中で、私が考える最も有効なマーケティングのやり方は、N1分析を徹底するということです。これは、『たった一人の分析から事業は成長する 実践 顧客起点マーケティング』（翔泳社）という本の著者の西口一希氏が紹介した考え方です。

N1分析のNはNumberのN。

つまり、一人の顧客を徹底的に分析し、理解し、アイデアを事業や施策に変えていくというシンプルな考え方です。

ビジネスはお客様となる顧客へ製品やサービス（価値）を届けて、お金に換える行為です。顧客視点で考えることが何よりも大事な視点で、売上を上げることに直結します。

この視点こそがマーケティングで一番押さえておかなければならないものです。本章の最初に内省の重要さをお話ししましたが、ここでは顧客のインサイトをつかむことに内省の考え方が応用されています。

顧客の行動の根底にある、本人さえも気づいていない動機や本音をつかむのです。今の時代、ＳＮＳマーケティングやＷｅｂマーケティングという流行りの手段に目が移りがちですが、目の前の一人に集中するマーケティングの基本をまずは身につけてください。

では、どのようなツールを使ってＮ１分析をすればよいのかについて考えていきましょう。

▼マーケティングツール「顧客ピラミッド」と「9セグマップ」

まずは「顧客ピラミッド」（62ページ上図参照）からご説明しましょう。

これは、あなたのビジネスアイデアで考えるべき顧客の種類にあたります。

ピラミッドの上から順番に、**お得意様（ロイヤル顧客）**、時々買う人（一般顧客）、**（以前は）買ったことのある人（離反顧客）**、**知っているだけの人（認知・未購買顧客）**、**知らない人（未認知顧客）**の５種類に分けられます。

この顧客ピラミッドに「ブランド選好」の要素を加えたものが62ページの下図にある「9セグマップ」になります。ブランド選好とは、簡単に言えば好みです。次もこのブランドを買いたいと思うかどうか、つまりお客様の気持ちです。

ちなみに、9セグマップは、顧客ピラミッドを時計回りに90度回転させ、上下でブランド選好に分けて9つのセグメントをつくったものです。

この9つの種類の顧客層が見えたところで、各層において一人のペルソナ（人物モデル）を思い浮かべながらどんな施策を行うべきかを検討します。ようは、各層に存在する一人の顧客に焦点を当て、徹底的に分析するわけです。

平均値でも架空でもない、具体的な一人を分析する。つまり、N1を分析する手法であるためN1分析と呼んでいるのです。

あなたには、このマップをいつでも頭に思い浮かべて、ビジネスアイデアを考えるようにしてみることをお勧めします。

この分析を行うことで顧客の種類はだいたい網羅できます。さまざまな顧客分析をする中で、いかに9セグマップの左から右に顧客を遷移させていくか、また、ブランディングにおいて下から上に遷移させるのかを検証していくことが、何よりも強力なマーケティング戦略となるのです。

[顧客ピラミッド]

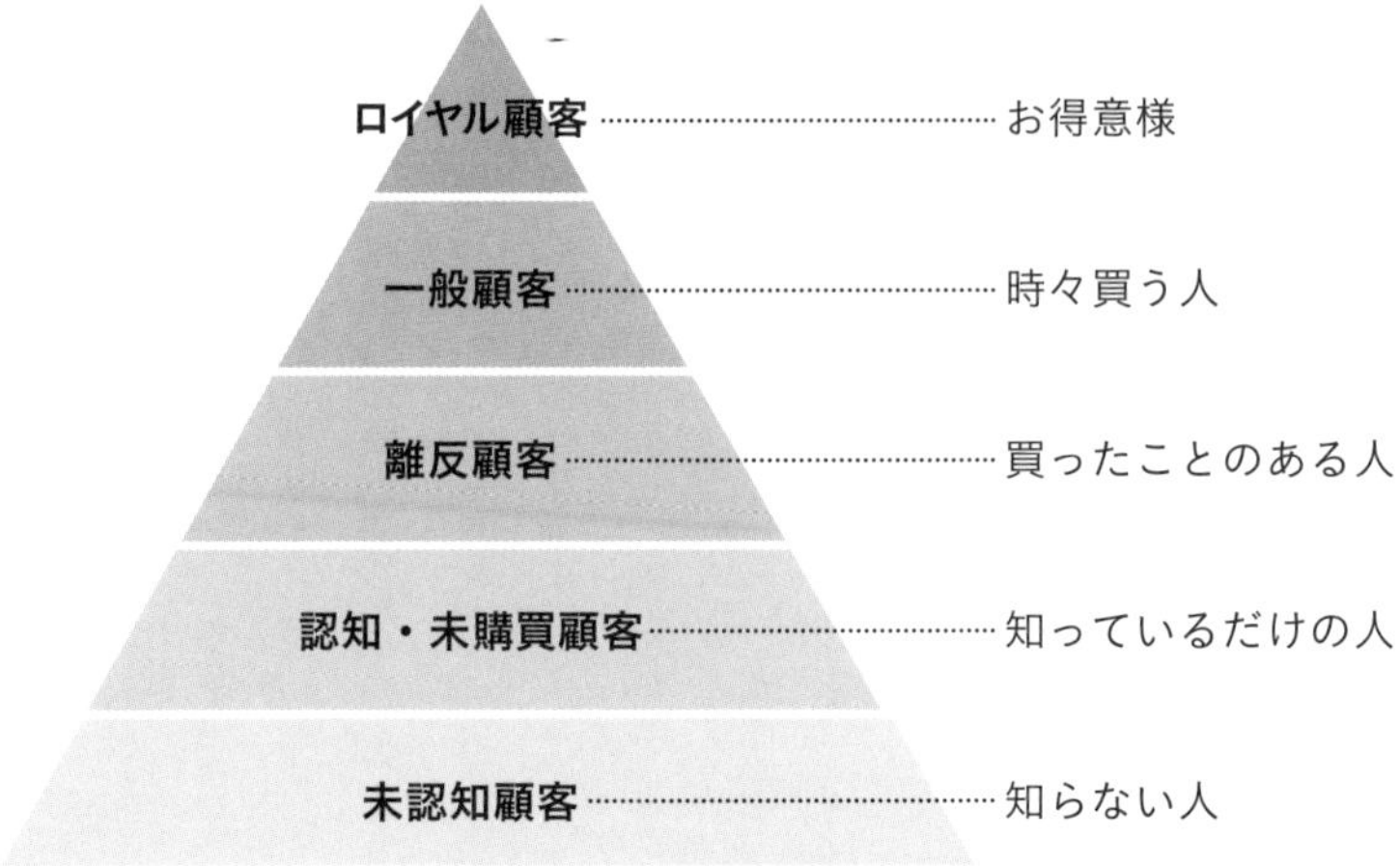

[9セグマップ]

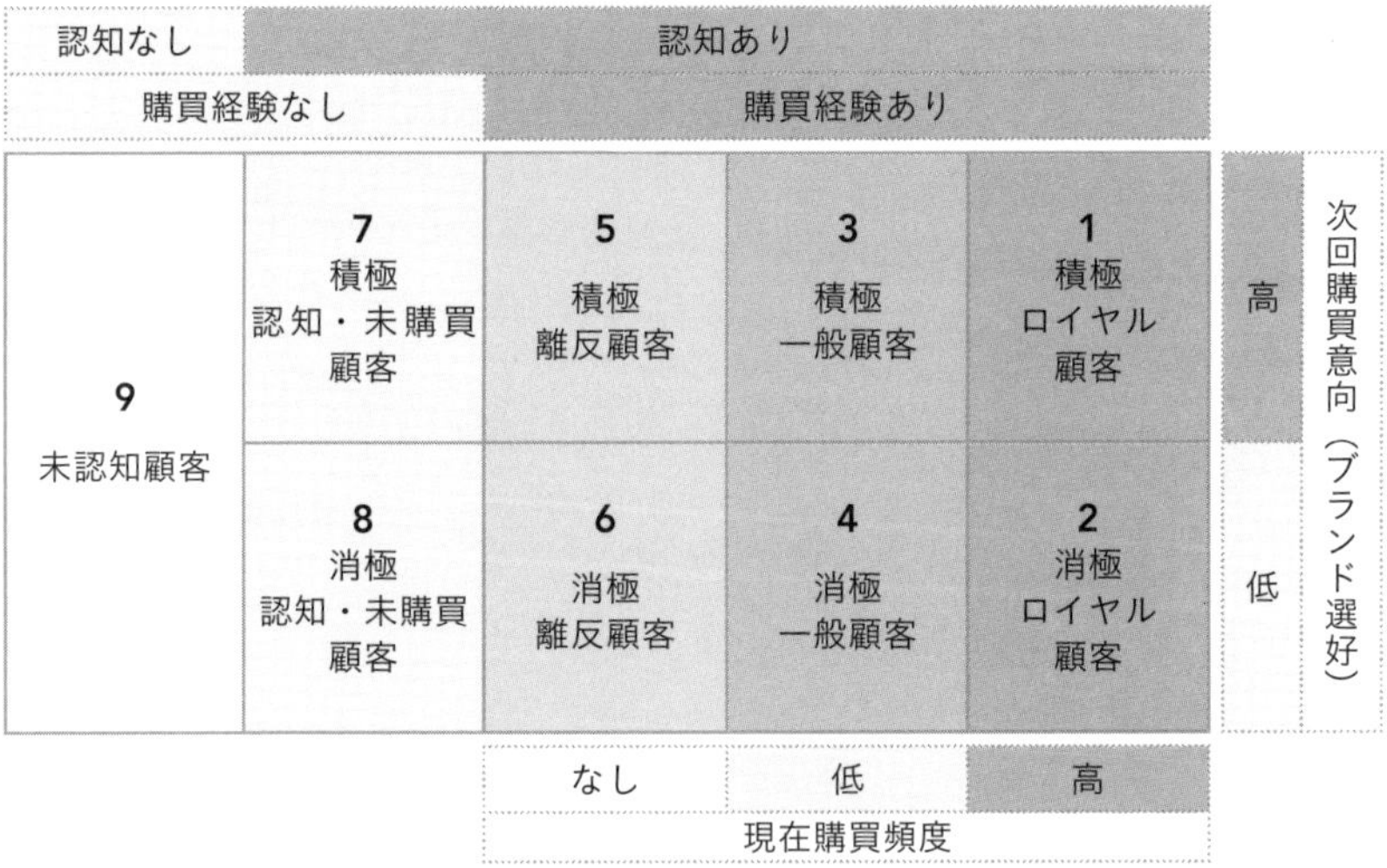

出典:『たった一人の分析から事業は成長する 実践 顧客起点マーケティング』（西口一希・著／ 翔泳社）より

N1起点のカスタマージャーニー分析

カスタマージャーニー分析とは、**顧客が製品・サービスの認知から購入に至るまでの一連の旅（ジャーニー）を分析すること**を言います。

顧客がどういった道のりをたどって最終的に購入や問い合わせに至るのかを分析することで顧客理解につながり、より効果的なマーケティング施策を実行できるようになります。

顧客はどのように製品・サービスを購入するのでしょうか。

人それぞれの道のりではあるのですが、9セグマップそれぞれに特徴があります。それを基に**それぞれの層に属する顧客がたどるスタート地点からゴール地点までの道のりをイメージする**ことから始めます。

ふと気になり始めたタイミングや興味を持ち始めたタイミング、そろそろ購入しようかなと思うタイミングや何かストレスを感じ始めてやっぱりやめようとなるタイミングなど、さまざまなきっかけが顧客の行動を変えていきます。試しに、N1分析で一人の顧客の解像度を上げて、カスタマージャーニー分析をすることを考えてみましょう。

例えば、手頃な価格でワインを楽しみたいと初めてワインを購買するような20代の男性の顧客を思い浮かべてみてください。9セグマップのセグメントで言うと8に属するペルソナになります。商品であるワインを認知するきっかけはなんだったのでしょう。

それは、ワインフェスティバルに誘われて、試飲してみて初めてワインの美味しさを知ったというきっかけがあったのかもしれません。

また、スーパーの店頭でヴォジョレー・ヌーボーのお祭り騒ぎに遭遇して、なんだか楽しげな雰囲気の印象を持って興味を持ったのかもしれません。

いろいろなきっかけが顧客にワインを認知させたと考えられます。

ペルソナ

20代男性、初めてワインを購入

このような顧客に購買を決意させるきっかけ作りとなる決め手を考えるのが次の一手となります。8のセグメントから、まずは3か4に遷移させるように行動を起こさせるにはどうすればよいかを考えるわけです。

「ワインの事に精通するとモテますよ」とか、「ビジネスで商談の時にワインの飲み方がわかっていると安心ですよ」など。このペルソナの心を動かす、刺さる訴求方法を考えるのです。

私ならこのペルソナをセグメント8→4or3→2or1、となるように誘導するカスタマージャーニーを作成します（左ページ参照）。

なお、一人の心を動かすものは、同じセグメントに属する他の顧客にも十分通用しますからご安心ください。

カスタマージャーニー分析を行うことで、認知から購買に至るまでの一連の行動だけでなく、その裏側にある思考や感情を把握できるようになります。

顧客の行動や心理に合わせたコンテンツを作成することで、顧客が必要な情報を必要なタイミングで受け取れるようになります。

顧客との信頼関係を構築するためにも、カスタマージャーニー分析は役に立つのです。

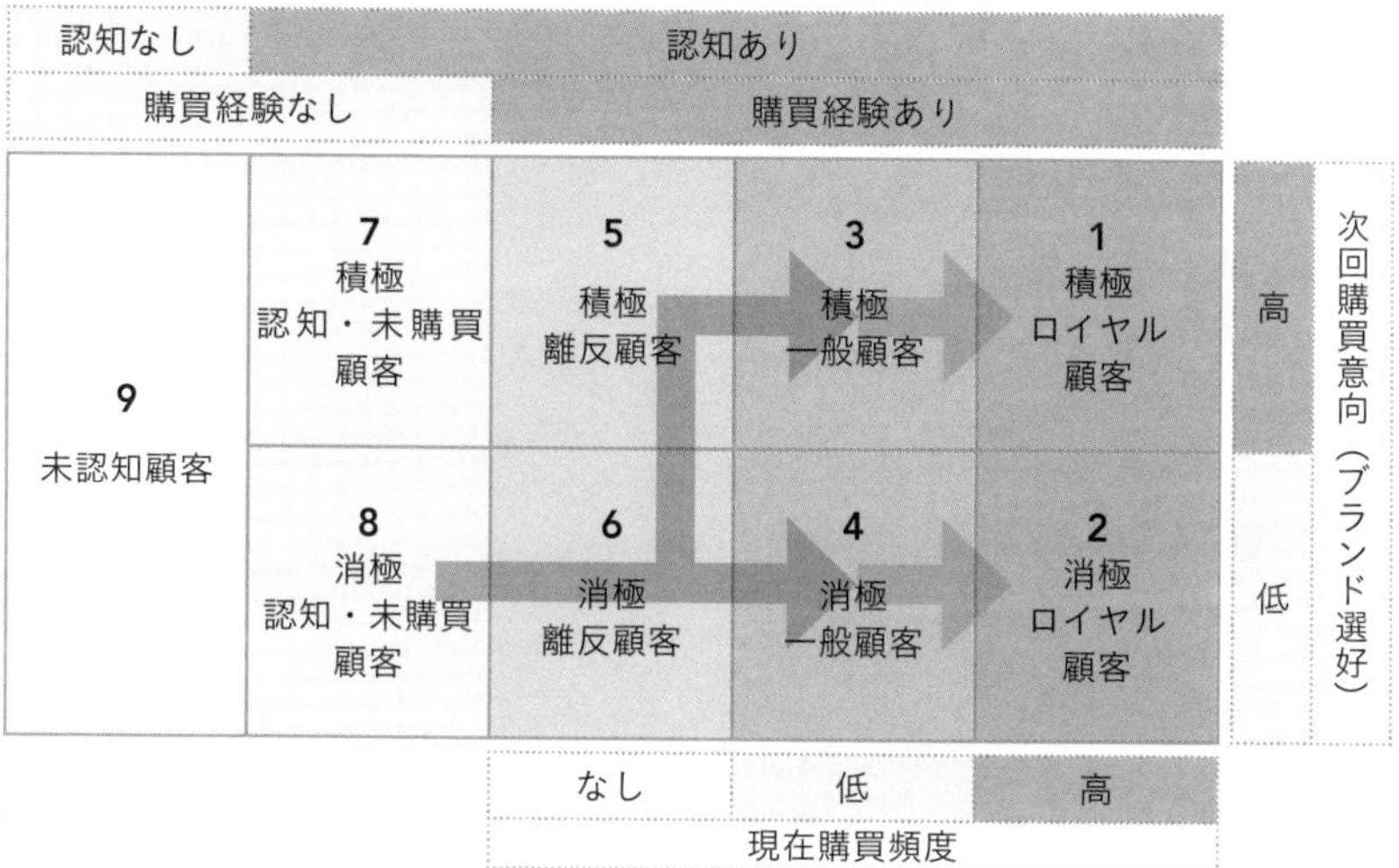

出典:『たった一人の分析から事業は成長する 実践 顧客起点マーケティング』（西口一希・著／翔泳社）を基に作成

08 アイデアをモデルへ リーンキャンバスを使いこなす

▼▼リーンキャンバスとは？

ここからは、自分の中にあるビジネスアイデアを掘り起こし、モデルに落とし込むというChapter1の佳境に入っていきましょう。

事業のビジネスモデル（儲ける仕組み）の検討のために、アイデアの整理や課題の洗い出しを行う際に有効なフレームワークがあります。

それは**リーンキャンバス**と**ビジネスモデルキャンバス**の2つです。

どちらもビジネスアイデアを可視化することで論点を整理でき、現状や課題について共通認識を持てるといった効果が期待できます。

両者は似た構造や共通する検討軸があるため、違いは何なのかと迷う人も多いかもしれません。

わかりやすく一言で言うと、**リーンキャンバスはスタートアップ向け、ビジネスモデルキャンバスは既存ビジネスの拡大向け**です。

そもそも「リーン」とは無駄のないという意味の言葉です。よって、リーンキャンバスはビジネスシーンで広く用いられているビジネスモデルキャンバスから、スタートアップには重要ではない項目が省略されており、よりスタートアップにとって重要な顧客・課題・製品などにフォーカスできるように設計されています。

ここでスタートアップのアイデアをまとめることに集中するため、リーンキャンバスを扱うことにします。リーンキャンバス（Lean Canvas）は、『Running Lean（ランニング・リーン）実践リーンスタートアップ』（オライリージャパン）の著者でシリコンバレーの起業家のアッシュ・マウリャによって提唱されたフレームワークです。

あなたのアイデアから考えるビジネスモデルをA４用紙１枚に整理することができ、事業説明をする際の資料としても役に立ちます。

スタートアップの先輩起業家たちの百戦錬磨の経験から作られたフレームワークを使わない手はありません。あのGoogleも、リーンキャンバスを活用して飛躍的に事業を好転させたことで知られています。

▼リーンキャンバスの書き方

リーンキャンバスには９つの要素があります。実際に書く順番に沿って説明をしていきます。各項目の内容を把握し、順番にリーンキャンバスを埋めていくとスムーズです。

では、一緒に作成していきましょう。

①顧客の課題（企業側の視点①）
②顧客セグメント（顧客側の視点①）
③価値提案
④ソリューション（企業側の視点②）
⑤チャネル（顧客側の視点②）
⑥収益の流れ（資金の視点①）
⑦コスト構造（資金の視点②）
⑧主要指標（企業側の視点③）
⑨圧倒的な優位性（顧客側の視点③）

●顧客の課題

あなたのスタートアップアイデアが解決を図ろうと考えている顧客の課題（仮説）を記載します。ここで書き込む課題は、顧客へのアンケート・インタビューなどの対話を通じて検証するものであるため、真偽にこだわりすぎて多くの時間をかけないようにしましょう。課題が複数ある場合は、より重要

［リーンキャンバス］

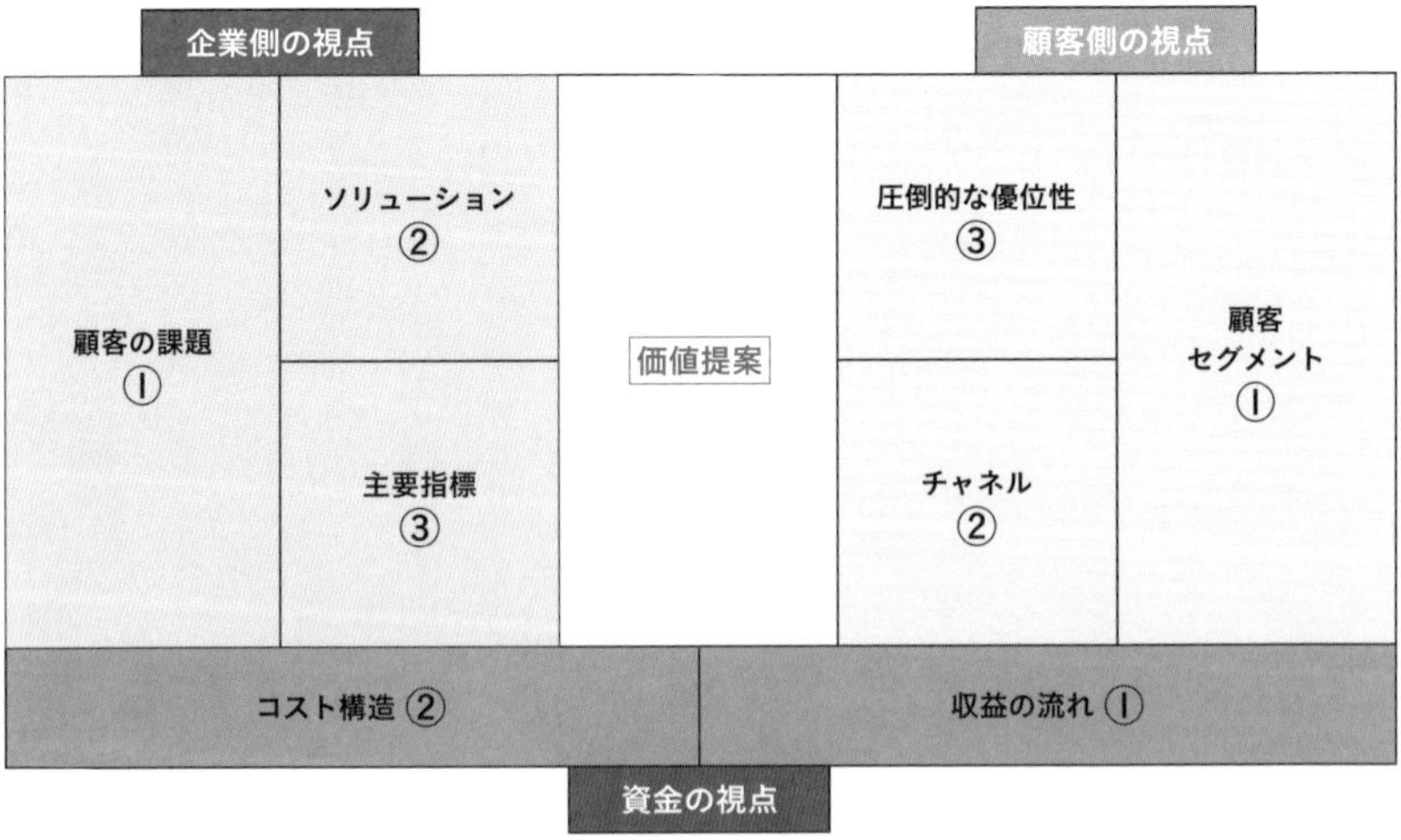

であると考えられるものを3つくらいに絞って記載することが望ましいです。

●顧客セグメント

これは、「どのような顧客の課題を解決するか」を特定するための項目です。顧客セグメントを記載する際のポイントは、アーリーアダプター※（98ページ参照）を狙うことです。起業・事業アイデアを正しい方向に軌道修正していくためには、アーリーアダプターからのフィードバックが重要な役割を担うと考えられています。

なお、顧客セグメントを記載する際は、「30代女性」といった大雑把な書き方ではなく、より臨場感があるペルソナ（仮想的な人物像）を検討することが大切です（例：料理、ジム通いが趣味の30代女性）。

●価値提案

「課題に対して、自社の製品・サービスがどのような独自の価値を提供できるのか」を記載します。「自社製品の最も大きなウリはなにか」を記載する項目です。一般的に、ここまでの3項目が、あなたのスタートアップアイデアの土台を構成します。これらの項目を埋めた後は、それを実現するための具体的な施策の仮説を記載していきます。

●ソリューション

課題に対する具体的な解決方法を書きます。複数存在する場合は、より有力であると考えられる上位3つくらいを記載するとよいでしょう。アイデアの仮説検証前の段階では、課題の正確さは検証できていないケースがほとんどであるため、解決方法の詳細にこだわる必要はありません。

アーリーアダプター
情報感度が高く、日常的かつ積極的に課題に対する代替案を探している人。

●**チャネル**

チャネルとは、顧客と自社が接点を持つための経路のことです。一般的に、スタートアップにチャネルの選択肢はそれほど多くないため、アイデアの仮説検証前の段階では「どうすれば顧客と直接対話できる機会を増やせるか」を検討し、記載するとよいでしょう（例：ＳＮＳでのコミュニティー、セミナーや展示会などイベントの開催）。

●**収益の流れ**

どのように収益を上げるのか検討し、記載します。「単価」「人数」「顧客一人あたりの利益の累積」「粗利益」などの想定に加えて、「一度の取引で見込まれる収益」をシミュレーションできるように記載しておくことがポイントです。

●**コスト構造**

実際に製品を市場に出すまでにかかる費用の金額（例：顧客獲得費用、流通費用、サーバーの管理費用、人件費など）を記載します。この項目は、とりわけ初期費用として大きな設備投資が求められるビジネスモデルを検討している場合に重要です。

●**主要指標**

スタートアップがＰＭＦ※（プロダクト・マーケット・フィット）に到達するために計測すべき定量的指標（ＫＰＩ※）を想定し、記載します。

アイデアの仮説検証前の段階では、採用すべき指標を明確化しにくいため、省略しても問題ありません。

KPI
KPIは業績管理評価のための指標。目標の達成に向けた行動を評価するための具体的な指標を指す。

PMF
顧客の課題を満足させる製品を提供し、それが適切な市場に受け入れられている状態。

●圧倒的な優位性

競合に対して、製品以外の分野で自社が圧倒的に優位であると考えられる箇所を記載します（例：顧客情報、専門家の支持、人脈ネットワークなど）。なお、この項目が重要な役割を担うタイミングはPMFを達成し事業を拡大していく時期であるため、アイデアの仮説検証前の段階で埋められなかったとしても問題はありません。

▼リーンキャンバスの実践

では、リーンキャンバスを使いこなすために、すでに事業をローンチしているスタートアップの事例を基に、彼らの創業期に実際に抱いていたであろうという感情を想像しながら作成してみます。

取り上げるのは自転車のレンタルサービスを展開するダイチャリとオンラインによる医療診断サービスを展開するファストドクターです。

それぞれ9つの要素について各項目の内容を把握し、順番に沿ってリーンキャンバスを埋めていくと次のようになります。

あなたもリーンキャンバスを使って興味のあるスタートアップの分析をしてみることをお勧めします。

ダイチャリのケース

ダイチャリは、シェアリングエコノミーの一環として、自転車のレンタルサービスを提供する企業です。同社が提供する自転車は、スマートフォンアプリを通じて借りることができ、返却場所もアプリ上で指定することができます。自転車の点検や修理も、同社のスタッフが行い、利用者は手間をかけることなく、手軽に自転車を利用することができます。収益モデルは、自転車のレンタル料金やメンテナンス費用、広告収入などを収益源としています。同社は、環境保護や健康促進などの社会的価値を提供することにも注力しており、都市部の交通渋滞緩和や徒歩圏内での移動の促進に貢献しています。

顧客側の視点

圧倒的な優位性

- ネットワークの規模（ステーションスポット数）
- 低価格な料金設定
- システムの使いやすさ

顧客セグメント

- 健康や環境保護に興味がある都市部の居住者
- 普段は自動車や公共交通機関を利用するが、時には自転車を利用する人々
- ラストワンマイルを解決したい企業

チャネル

- スマートフォンアプリ
- ウェブサイト
- 広告（オフライン／オンライン）

収益の流れ

- 自転車レンタル料金
- メンテナンス費用
- 広告収入
- 提携企業からの収益

［ダイチャリのリーンキャンバス］

企業側の視点

顧客の課題
- 自転車の保管場所や点検、修理に手間がかかる
- レンタル料金が高い
- スマートフォンアプリの操作が難しい

ソリューション
- スマートフォンを使った簡単な操作で自転車の貸し出し・返却が可能
- ユーザーはアプリで自転車のある場所を確認できる
- オートロック機能で、借りたユーザー以外はロック解除ができない
- 自転車の利用時間に応じて料金が発生する仕組み

主要指標
- レンタル料金収入
- 自転車利用率
- アプリダウンロード数

価値提案

手軽に利用できる
自転車レンタルサービス

環境負荷の低い
移動手段の提供

レンタル
ステーション

周辺の街の情報提供

コスト構造
- 自転車の購入やメンテナンス費用
- スマートフォンアプリやIoT技術の開発費用
- スタッフの人件費
- レンタルステーションの賃料や光熱費

資金の視点

ダイチャリのステーションを都心部に住んでいる人は見たことがあるかもしれません。実際に利用してみると、このリーンキャンバスの仕組みが体感できると思いますので、お勧めします。

※上記は著者の見解によるものです。

顧客側の視点

圧倒的な優位性

- スピーディーな医療相談＆必要な時に医師による正確な診断とアドバイスが受けられる
- 医療費の削減効果
- 医療サービスの利用に制約のある人々の医療へのアクセス向上

顧客セグメント

- 診療時間外や病院への移動が難しい人々
- 急病で病院への移動が難しい人々
- 新型コロナウイルス感染症のようなパンデミック下で病院へのアクセスが制限された人々

チャネル

- オンラインプラットフォームを通じた遠隔診療
- 医師とのリレーションシップ

収益の流れ

- オンライン診療の手数料
- 診療費用の一部が医療保険から賄われる

ファストドクターのケース

　ファストドクターは、オンライン上で医師による診療を提供するサービスを展開している企業です。オンライン診療プラットフォームを提供しており、スマートフォンやパソコンから気軽に医師の診療を受けることができます。主に、診療時間外や病院への移動が難しい患者のニーズに応えることを目的としています。また、日本で初めて保険適用のオンライン診療を実現したことでも知られています。同社のウェブサイトやアプリを通じて、24時間３６５日いつでも医療相談ができるため、利用者の利便性が高く、急な病気やけがの際にも便利です。

［ファストドクターのリーンキャンバス］

企業側の視点

顧客の課題
- 医療へのアクセス性の向上
- 医療費の削減
- 待ち時間の短縮
- 医療機関の選択肢の拡大

ソリューション
- 医師との高品質なオンラインコミュニケーションの実現
- ユーザーの利便性の向上
- 24時間365日いつでも利用できる
- アプリやウェブサイトから簡単に診療予約を行える
- 適切な診療の実現、必要に応じて対面診療
- 医療データの活用

主要指標
- 顧客数
- 月間売上
- 平均利用回数
- 医師数
- 医師ごとの月間利用件数

価値提案

日本で初めて保険適用のオンライン診療を実現

スマートフォンやパソコンから気軽に医師の診療を受けることができる

診療時間外や病院への移動が難しい患者さんのニーズに応えることができる

遠隔診療を実施し、地域医療の格差を解消

コスト構造
- 医療スタッフの給与や交通費、福利厚生費
- オンラインプラットフォームの開発・運用
- セキュリティ保全費用

資金の視点

ファストドクターはコロナ禍に一気にニーズを吸収して急成長したスタートアップで、「タイミングというものもスタートアップの成長には大事なんだ」と改めて考えさせられる事例であり、興味深い企業です。今後のオンライン診療市場については、さまざまなサービスが誕生し、成長すると考えられますので、同様のビジネスアイデアを持っている場合は、ファストドクターは必須研究対象です。

※上記は著者の見解によるものです。

COLUMN 01

バックキャスト思考であなたの人生の軸となるストーリーを決める

人生は山登りに例えられることがありますが、あなたは今、自分の人生の何合目を歩いているかを明確に認識していますか。

それぞれに人生のストーリーには共通する真実があります。

それは、人は生まれたら必ず死を迎えるということです。

残された人生の時間を使い、激変する世界の未来を読み、イノベーションを起こそうとする起業家たち。あなたがもしそのような起業家を目指すのなら、この真の命題をしっかりと意識して人生のプランニングをするべきです。

人はストーリーに胸を打たれます。特にスタートアップを志す起業家たちには、自身の魅力的なバックグラウンドや、それを説明するキャリアストーリーによって人を魅了する人が少なくありません。ある投資家は、起業家が持つ独特の世界観を投資判断の一つにしているというほどです。

ストーリーは価値を上げ、人を魅了することができます。

では、どのようにストーリーを見出していけばいいのでしょうか？

今ははっきりとしたことが語れなくても、ストーリーというものはある程度行動していくと見えてくるものです。あなた独自の魅力的なキャリアストーリーを考える方法として大事なのは、自分のはっきりとした未来予想図を思い描くことです。

理想とする仕事をして輝いている自分の姿を思い描き、そこにたどり着くには今、どうすればよいかを逆算して考える。それも3〜5年後という短期ではなく、10〜30年後という長期的な目線で、将来ありたい姿（ビジョン）を描いて、それを実現する構想や取り組みなどを考え出します。自分らしさ、自分だからやるべきこと（パーパス＝存在意義）を考え、そこから逆算して現状とのギャップを解決する明確な戦略に転換し、計画的に実行するのです。

この時に役立つのがバックキャスト思考です。

バックキャスト思考とは？

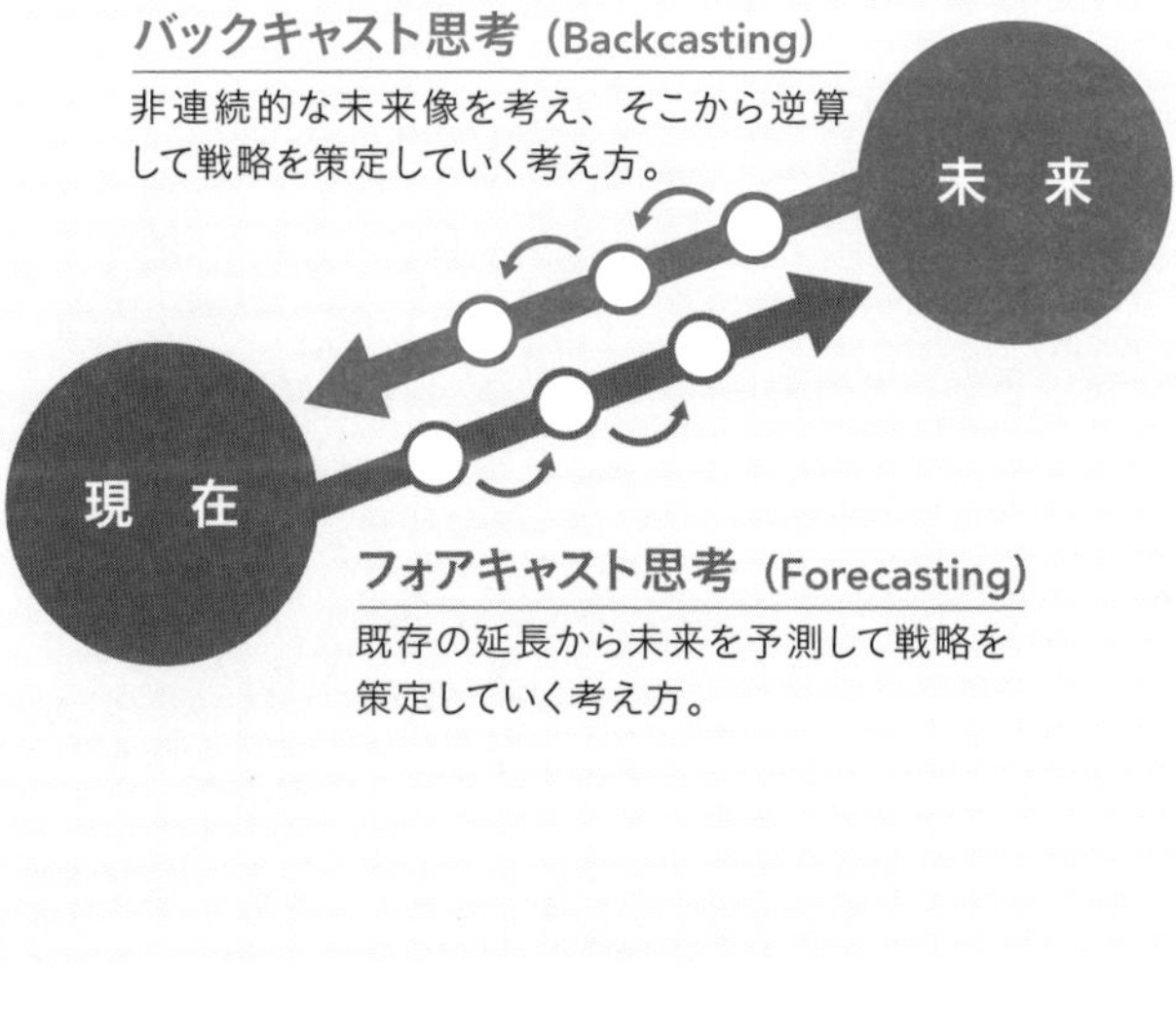
バックキャスト思考（Backcasting）
非連続的な未来像を考え、そこから逆算して戦略を策定していく考え方。
未来
現在
フォアキャスト思考（Forecasting）
既存の延長から未来を予測して戦略を策定していく考え方。

未来のある一点に立って現在を眺めてみる。そうすると、その未来を実現させるために今からやらなければならない事が具体的に見つかります。

あなたのキャリアをバックキャスト思考で考え、理想とする自分に至るまで、いくつかのステップを踏んでいく必要があると考えたら、そのマイルストーンとなる目標を決めて、その目標に向けて目の前の仕事に一生懸命に取り組むことから始めましょう。

バックキャスト思考で、未来の理想とする仕事と現在の仕事の点を結べば、現在から戦略的に行動する必要性がわかります。そうすることで、あなたに用意されている点から点の展開がストーリー性を持って見えてくるはずです。

Chapter 2

OODAループ思考でビジネスに磨きをかける

01 ＶＵＣＡ時代でスタートアップビジネスを育てるための４つのスキル

先行き不透明なＶＵＣＡ時代へ

Chapter1でアイデアをビジネスモデルに落とし込む方法を紹介しました。ここからはそのビジネスモデルにさらに磨きをかけ、育てていく方法を紹介していきたいと思います。

では、具体的な方法に入る前に、今の時代について目線を揃えておきましょう。Chapter1でも少し触れましたが、現代は先の読めないＶＵＣＡの時代と言われます。このＶＵＣＡとは、次の４つの単語の頭文字を取った言葉です。

Ｖ＝Volatility（変動性）
Ｕ＝Uncertainty（不確実性）
Ｃ＝Complexity（複雑性）
Ａ＝Ambiguity（曖昧性）

このＶＵＣＡは将来を予測するのが困難な状態を示す言葉で、もともとはアメリカで軍事用語として使われていました。冷戦の終結とともに国家間の問題が複雑さを増し、軍事戦略を立てることが難しくなったことやテロの驚異という新たな戦いが始まったことなど、従来のやり方が通用しなくなった状況を指していたのです。その後、一般の社会でも従来の常識が通用しないような大きな変化が起き始め、2010年代頃からVUCAはビジネス用語としても使われるようになります。ビジネスに多大な影響を与えるVUCA時代の変化としては、次のようなテーマが挙げられます。

- **新型コロナウイルス感染症による世界的なパンデミック**
- **金利上昇に伴う物価高、為替相場のドル高円安**
- **生成AIなどの普及による新たな産業革命の予兆**
- **医療分野におけるデジタル技術の急速な浸透による予防医療の進化**
- **社会構造の変化（人生100年時代、日本は少子超高齢社会、世界は人口爆発）**
- **気候変動・海洋汚染など、環境破壊の深刻化**

例えば自動車業界では、国際間の地球環境保全の取り組みの進展と電気自動車（EV）の登場によって、世界的にディーゼル車やガソリン車の販売を禁止する動きを見せています。ここ十数年の間の枠組みの変化ですから驚くほどのスピードです。日本が誇るトヨタ自動車もEV市場では悪戦苦闘している状態です。この事態を想定し、先手先手で動いていた人も中にはいたはずですが、想定以上のスピードでの変化がトヨタの苦戦を招いているのだと私は考えています。

このような変化は既存の情報から得られる延長線上の未来ではない場合が多く、それゆえに人々の生活様式や価値観を一変させてしまいます。個人のライフスタイルが変化すれば、そこにビジネスを仕掛けている企業活動にも当然のように影響が及びます。従来常識的に続いてきた事業・サービスの価値をまたたく間に陳腐化させてしまうこともあるわけです。**予測不可能または想定外な出来事が次々と起こる時代。まさに今はＶＵＣＡの時代なのです。**

▼スタートアップ起業家がＶＵＣＡ時代に勝ち残るための必須スキル

このような時代の流れの中で勝ち残るために、スタートアップ起業家が磨いておきたい必須スキルがあります。それは次の４つです。

●テクノロジーへの理解力と情報収集力

変化の起点となるテクノロジーへの興味と理解は必須です。それが新たなスタートアップビジネスのアイデアに結びつきます。業界の未来予測や自分のキャリアに対してどのように影響するかを日頃から考える必要があります。

これらは２つの有効な方法を実践することで得られます。

まずは、ニュースやブログ、専門書などから直接情報収集します。特にお勧めはLinkedIn※（リンクトイン）の各種テクノロジーコミュニティに属して情報を収集する方法です。ここは、英語でのコミュニケーションになりますので、世界の最新の情報を得ることができます。ちなみに、**スタートアップ起業家になるのであれば、LinkedInのアカウントを開設することはマストと考えておきましょう。**今や、Facebookはビジネスの世界では世界標準ではありません。日本人同士

LinkedIn
世界最大級のビジネス特化型SNS。

はよく使いますが、これはすでにガラパゴスなコミュニケーション手段になっている可能性が大ですので注意しましょう。

2つ目は、実践的なプロジェクトに取り組むチャンスがあるのであれば、進んで参加することです。例えば、私はロボティクス、ナノテク（新素材）、バイオ（創薬、医療機器、ヘルスケア）、放射線、ものづくりの5つの分野のプロジェクトにこれまでのキャリアを通じて関わってきました。実践を通じてこそ、理解を深めることができます。

●自らの頭で考える力

「ＡＩに人間の仕事が奪われる時代が来る」といった話を聞いたことがある人も多いと思います。みなさんもご存じのように、オックスフォード大学の調査結果によると、10～20年後には**日本の労働人口の約半数が就いている職業の仕事がＡＩやロボットに代替される**と推計されています。

一方で、ＡＩは万能ではなく、これまでにない課題を解決する仕事や、数値化できない人間の感性や経験に基づく創造的なアイデアを生み出す仕事については不得意と言えます。ＡＩとの共存社会がやってくる中で、私たちは生命体である**人間にしかできない「生きる力」や「考える力」にフォーカスし、その力を高めていく**必要があります。人間にはＡＩにはない創造性や感性、エンパシー（共感）など、特有の能力があります。ですから、人間がＡＩに負けないようにするためにも、次のことを常に心掛けたいものです。

創造性を育む……創造性を育むためには、自分自身の好奇心を刺激することや、新しいことに挑戦することが大切です。また、他の分野からアイデアを借りて、自分自身のアイデアを発展させることも重要です。

問題解決力を高める……問題解決力を高めるためには、問題を深く分析し、複数の解決策を考えることが大切です。また、過去の経験や知識を活用し、新しいアプローチを試みることも必要です。

コミュニケーション能力を磨く……コミュニケーション能力を磨くためには、相手の立場や考え方を理解し、適切な言葉で伝えることが必要です。また、聴く力を養い、相手の意見を尊重することも大切です。

情報収集力を高める……情報収集力を高めるためには、さまざまな情報源から情報を集め、分析することが必要です。また、情報を扱う技術的な知識やスキルもかかせません。

心の持ち方を改善する……人間としてポジティブな心の持ち方が重要です。自分自身の能力を信じ、自信を持って物事に取り組むことが大切です。また、失敗から学び、成長することも必要です。

●ポータブルスキル

ＶＵＣＡ時代には、誰もがスキルを磨く必要があります。リスキリングが声高に叫ばれている昨今、スキルアップが世界の変化の波に対応するサーフボードの役割を担っています。その上でキーとなるのが、ポータブルスキル（＝持ち運び可能なスキル）です。これは、特定の業種や職種、時代背景にとらわれることのない、汎用性の高いスキルのことです。コミュニケーションスキルやプレゼンテーションスキルのような一般的すぎることをここで書いても面白くないので、私が実際に役に立っていると感じているスキルを次にピックアップします。

財務三表を読む能力、英語でのコミュニケーション能力、ワインをたしなむ能力、世界史視点で考える分析能力、ゴルフをスコア2桁でラウンドする能力などです。さらに欲を言えば、日本史視点で日本をアピールする能力、数学、統計学なども役立ちます。ポータブルスキルはあらゆるビジネスパーソンにとって重要な「ビジネス基礎力」とも言えるかもしれません。これらのポータブルスキルへの関心があるだけでも違いをもたらしますが、高いレベルで身につけている人材はその分差が出ますので、市場価値の高い人材になります。もちろん、スタートアップを志す人であれば、ポータブルスキルを高めておくほうが断然有利なことは間違いありません。

●OODAループ思考

そして、Chapter2のメインテーマであるOODA（ウーダ）ループ思考（後述）です。VUCA時代には、この考え方を基にして、あなたのビジネスアイデアを実際のマーケットの中で仮説検証を繰り返しながら磨いていきます。

OODAループ思考はVUCA時代に適した意思決定手法です。スタートアップを大きく育てていくための手順として、ぜひものにしてください。

02 不透明な先行きを見通し、意思決定する　OODAループ思考

▼VUCA時代に最適な意思決定手法・OODAループ思考

OODAループ思考は、**みる（Observe／観察）**、**腹落ちする（Orient／状況判断）**、**決める（Decide／意思決定）**、**動く（Act／行動）**の4つの段階を**振り返る（Loop／改善活動）**ことで回していくフレームワークで、勝敗に関わる意思決定と実行のための思考法の一つとして誕生しました。

その特徴はこれから詳しくご説明していきますが、**素早い意思決定ができ、刻一刻と変化する状況で成果を得るためのフレームワーク**として、今では、国際的な競争力が問われるビジネスはもちろん、現場の業務や私生活、スポーツなどあらゆるシーンでの改善に役立つ考え方としても採用されています。

では、「OODAループ思考」の詳細な特徴を紹介していきましょう。

● みる（Observe／観察）

OODAで言う「みる」とは、意識して周りや相手の心などをとらえる「観る」に該当します。

この「観る」は情報収集能力とも言えます。意識して「観る」の例としては、工事現場における指差し確認や鉄道で車掌が行う指差し確認などが挙げられます。

関心のないものや何か別のことに心をとらわれている時は、特に目の前にあるものや現象を知覚しにくくなります。指差し確認のように意識して「観る」ことで、見えてくるものは大きく変わります。行き慣れた現場や職場における業務で実践してみると、より見え方の変化を実感しやすいでしょう。

●腹落ちする（Orient／状況判断）

「腹落ちする」とは、見たもの、気づいたことを自分なりに理解して納得することを言い、米国ではOrientは「understand（理解する）」という意味で紹介されています。

私たちは何かを見る時、自分が持っている世界観に照らし合わせ、それを理解することで納得します。この世界観が人によって異なるので、おのずと理解の仕方も変わり、その違いが行動の差となって現れることになります。つまり、「腹落ちする」とは、判断対象とその背景にある認識（世界観）を合わせて理解することと言えます。

●決める（Decide／意思決定）

「決める」は、どんな行動をとるのか、または何もしないのかを判断することです。私たちは大きいものから小さいものまで、日々膨大な数の判断をしています。OODAループ思考における「決める」は速さに価値を置いており、可能な限り直感のもとに判断することが基本となります。

目の前で起こっている事象が手持ちのパターンから一瞬でわかる場合は直感で決め、逆に一瞬でわからない場合は時間が許す範囲でパターンを組み合わせ、仮説を立て、検証していきます。

●動く（Act／行動）

「動く」は、これまでの3つのプロセスと比べてシンプルなもので、成果が出るように最後までやり抜くことを言います。OODAループ思考では、直感で決定することが多く、確信が持てない状況で動くことによる不安がつきまとう場合もありますが、仮に失敗したとしても早期に気づける可能性が高くなります。ただ、全てにおいて「動く」わけではなく、「動かない」と判断する場合もあります。

●振り返る（Loop／改善活動）

OODAループ思考の最後のプロセス「振り返る（Loop）」とは、動いた結果がどうだったのかを見直す工程を言います。失敗に終わった場合は「腹落ちする」に問題があった可能性が高いので、「みる」に立ち返りもう一度OODAのプロセスを回していきます。

OODAを実践した結果が失敗だったとしても、結果を受け入れて新しい方法を次々と試すのです。終わったことをあれこれ考えるのではなく、スピードを重視して立ち返りOODAのプロセスを回していくことが重要です。例えばシリコンバレーの企業では、過去のプロジェクトや年度を振り返ることは少なく、これからどうしたらいいかに焦点を当てて行動しています。OODAのプロセスを何度も回すことで手持ちの即断できるパターンも増えていき、自身の直感に磨きがかかるため、成果も出やすくなっていくのです。

OODAループ思考で迅速に行動し、結果を振り返ることが、選択できるチャンスを増やし、主導権を持った業務の遂行を実現します。また、OODAを回しながら状況を熟知していき、ある程度結果を予測できるようになれば「みない」で「動く」といったステップのショートカットも可能となるのがOODAループ思考の魅力です。

この、OODAループ思考を考案したのは、元アメリカ戦闘機パイロットだったジョン・ボイドという人物です。彼は軍人でありながら研究熱心な人で、OODAループ思考を確立する過程において宮本武蔵の『五輪書』を大いに参考にしたそうです。OODAループ思考は、日本に実在した実践法とのつながりのある思考法と考えると親近感が湧いてきます。

ちなみに『五輪書』とは武士のいる時代に、命のやり取りをする真剣勝負の中で作られた、勝つためになすことが書かれた実践本で、書の中では「みる」ことについて、細部や表面上の動きを見るのではなく、物事の本質を見通す「観（かん）」が大変重要であると説かれています。

［OODAループ思考とは？］

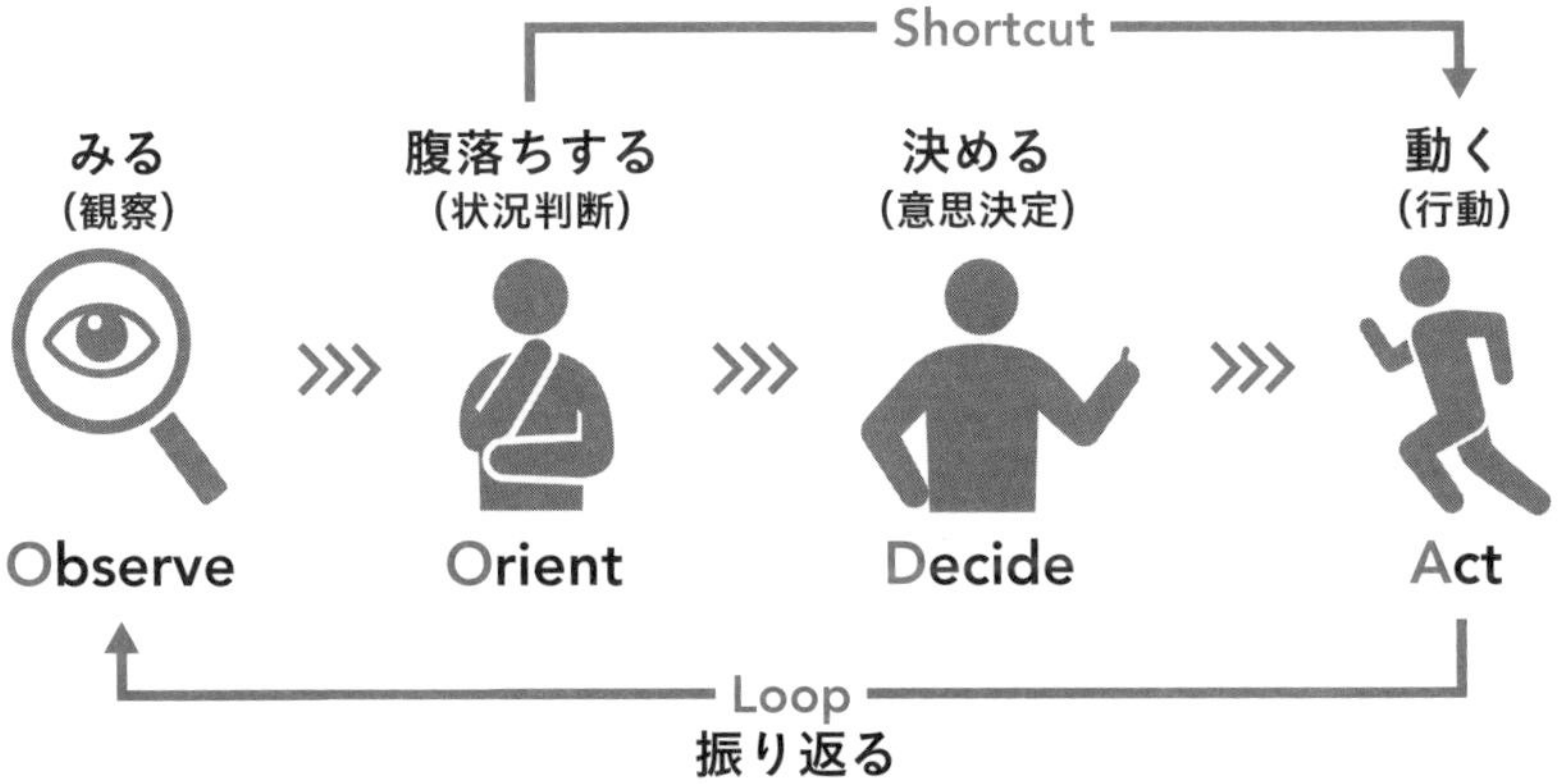

失敗に終わった場合は「みる」に立ち返りもう一度OODAのプロセスを回す。状況を熟知し、ある程度結果が予測できるようになれば「みる」を除いたショートカットも可能となる。

03 OODAループ思考ではフィードバックを成功要因にする

OODAループとPDCAサイクル

OODAループ思考がどのようなものであるかは、多くのビジネスシーンで用いられているPDCAサイクルと比較するとわかりやすいでしょう。

PDCAサイクルは、計画（Plan）を立て、実行（Do）して、その結果を評価（Check）することで計画と実績に差が生じている原因を突き止め、計画に近づくように改善（Act）するものです。PDCAにおいて計画は絶対的なものであり、計画を実現するために改善を繰り返すサイクルであると捉えられます。

一方のOODAループ思考は、現状の観察（Observe）から始まるのが特徴です。その上で今起きていることを主観的要素も交えながら状況判断（Orient）し、やるべきことを決断（Decide）し、行動（Act）してみるという流れを繰り返します。

つまり、**想定外のことが起きるのを前提に、事業活動の最前線で何が起きているかを正しく把握し、それに対応できるように素早く意思決定をしていくことに重きが置かれています。**そのため、当初の計画を絶対視しすぎず、環境の変化に合わせて柔軟に対応しやすいのが大きなメリットです。

言ってみれば、PDCAサイクルは、事前に綿密な計画を立ててから運用し、評価・検証を行う既存事業の「業務改善」に最適なフレームワークで、イノベーションに通じるような新規事業開発には向かないフレームワークです。一方、OODAループ思考は、事前に結果を想定していないことから入念な評価プロセスが必要なく、素早く適切な「意思決定」を行うことのできるフレームワークと言えるでしょう。

OODAループ思考が必要とされるようになった背景には、テクノロジーの進歩によって市場や顧客ニーズが激しく変化するようになったビジネス環境があります。ちなみに昨今の製薬業界では、事業計画は短いタームで言うと3か月ごとに見直しを行っている分野があります。それくらい、未来を作る事業は環境が激変しているのです。こうした状況下で事業を進める場合、顧客ニーズにいち早く気づいて対応する、迅速な意思決定が求められていることは言うまでもありません。

[OODAループ思考とPDCAサイクル]

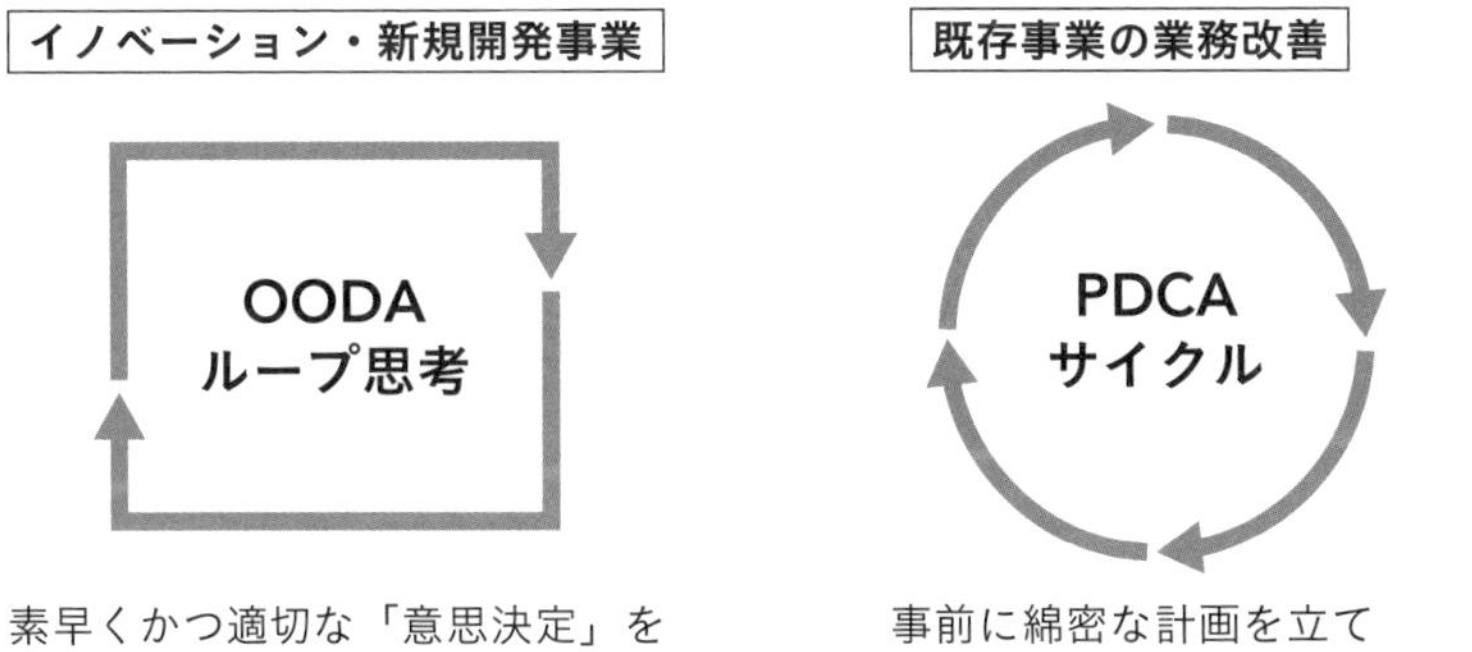

素早くかつ適切な「意思決定」を
行うフレームワーク

事前に綿密な計画を立て
評価・検証を行うフレームワーク

ＯＯＤＡループ思考は起業や新規事業の立ち上げといった見通しが立ちにくい状況での活用に適しています。起業の場合、これまでの実績やブランド力のある大企業との競争や差別化は簡単なことではありません。しかし、ＯＯＤＡループ思考を活用することで市場ニーズに迅速に対応していくことができれば、大企業や既存の競合他社に対抗できることも増えていくでしょう。

▼マネタイズよりも先に価値創造のＯＯＤＡループ思考を実践

マネタイズの方法を早い段階から意識しておくことは大切ですが、マネタイズの設計ばかりに気を取られてしまって、価値創造、つまり多くの人に使ってもらえるプロダクトの提供が後回しになっては本末転倒でしょう。顧客が認める価値が提供できてはじめてビジネスとして成り立つのですから、マネタイズよりも価値創造が何よりも先にあるべきです。「儲けたい」という焦った意識からくるループは禁物なのです。

シリコンバレーでは、有望なスタートアップには、ベンチャーキャピタルやエンジェル投資家などが投資してくれるので、巨額の資金を利用して、顧客に製品をタダで使用させ、大きなシェアを獲得した時に、マネタイズする方法が採りやすい環境にあります。つまり、起業のプロセスとして最低限の製品・サービスの試作品（ＭＶＰ、１４８ページ参照）を作り、顧客の反応を見るリーンスタートアップ（１４６ページ参照）がやりやすい環境にあるわけです。

一方で投資環境が欧米に比べて整っていない日本でリーンスタートアップを行うには、マネタイズの方法を初期の段階で頭にいくつか描きつつ、価値創造（サービスを多くの人に使ってもらうこと）を先行して行うことが肝要です。

つまり、価値を認めてくれる利用者が増えてから再度、最適なマネタイズの方法を考えるというのが望ましいと言えます。その場合、コストをできるだけ抑えながら利用者を増やす工夫が必要となってきます。例えば、成功している中国のネット系スタートアップには、ＫＰＩを投資に対する利用者数の増加割合に設定するという工夫をし、少ない投資で利用者を増やしている賢い起業家もいます。

フィードバックによる差分と成長要因

顧客からのフィードバックを繰り返すことで、その事業には他社に真似ができない市場適応能力、情報量、機敏性、独自性が生まれます。

ＯＯＤＡループ思考に乗せて、フィードバックを繰り返すことの意味はここにあります。

ＯＯＤＡを回す際の差分（仮説検証を経た後の経験値を指す）こそが事業成長の根幹であり、この差でスタートアップの勝負が決まると言ってもいいくらいです。

このような考えは、スタートアップの共通概念になっています。

私が勤めていたCYBERDYNEでは、２００９年にはじめてロボットスーツのレンタルを開始しましたが、共同研究機器として有償契約していただいた病院や施設からのフィードバックがあったからこそ事業が急速に発展しました。

スタートアップの成長要因に関しては、刻々と変化しています。下図は過去30年のスタートアップの成長要因を示したものです。

2010年代まではどのチャネルの流通ネットワークを選ぶかで成功のしやすさが違いました。そのことについては『ZERO TO ONE』（ピーター・ティール、ブレイク・マスターズ・著）で**“Poor distribution-not product-is the number one cause of failure.”（プロダクトが原因ではなく、流通ネットワークの弱さが失敗の一番の原因となる）**と述べています。その時に比べ、2023年の現在は、さらなる変化を遂げています。

Googleアナリティクスのような分析ツールの登場で、スタートアップの誰もが公平に自身の事業を分析することができるようになっています。

また、このようなアナリティクスツールの発展は、企業の情報収集にかかるコスト削減に貢献しています。例えば、従来外注に出さなければ得られなかったような個々の製品・サービスの顧客データやアプリ開発後の利用状況を分析するコストなど

過去30年を振り返る（スタートアップの成長要因）

1990年代	**卓越したテクノロジー**
2000年代	**卓越したテクノロジー** ＋ 卓越したプロダクト
2010年代	**卓越したテクノロジー** ＋ 卓越したプロダクト ＋ 流通ネットワーク
2015年頃〜2022年	**卓越したテクノロジー** ＋ 卓越したプロダクト ＋ GAFAMプラットフォーム
2023年以降	**卓越したテクノロジー** ＋ 卓越したプロダクト ＋ GAFAMプラットフォーム ＋ Chat GPT等の生成AI

を激減させました。最近は少しのお金を払えばビジター数、ページビュー数、コンテンツ閲覧ランキング、地理データなどを効率よく分析してくれるものがさまざまに存在します。ローコストで戦略を練るための情報を簡単に取得できるようになったのです。

また、流通ネットワークについてもデータ分析が可能となり、自社にとってどの流通ルートを選ぶことが最適なアプローチなのかを見つけやすくなりました。つまり、流通ネットワークについてはもはや成長要因の一部にはなり得なくなったと言えるでしょう。

ＶＵＣＡ時代は、ビジネスをＯＯＤＡループ思考に乗せて、ユーザーの獲得や維持、マネタイズの手法を進化させ、ビジネスモデルを変革することなどを怠らずに行っていく必要があります。そして、自社の発展を促すための戦略的なアプローチや手段、または成長の鍵となる要因を見つけて、それらを組み合わせを最適化させていくことが成長要因になります。

特に、昨今では文章や画像を自動生成する人工知能（生成ＡＩ※）への投資が活発になっています。米マイクロソフトが投資するオープンＡＩを筆頭に多くのスタートアップが巨額の資金調達に成功しています。世界の生成ＡＩ企業の価値は計４８０億ドル（約６・５兆円）とこの２年で６倍に拡大しています（２０２０年末比、オランダの調査会社ディールルームによる推計）。影響力を高める新技術を使いこなすことは企業の成長力に響くのです。

それでは次項からＯＯＤＡループ思考のやり方を一つ一つ詳しく見ていくことにしますが、先に全体感を示しておくと次のような構造になります。あなたの理解の助けになれば幸いです。

生成AI
画像、文章、音声、プログラムコードなどさまざまなコンテンツを生成することのできる人工知能のこと。米オープンAIの生成AIでは会話型チャットボットの「ChatGPT」や画像生成AIツールの「DALL-E」などが広く知られている。

● Chapter 1

アイデアを練る → リーンキャンバス（モデル）に落とし込む

● Chapter 2

O　みる（観察）リーンキャンバスを検証する

↓

O　腹落ちする（状況判断）行動するため、自分の世界観に照らしてリーンキャンバスの内容を腹落ちさせる（モチベーション）

↓

D　決める（意思決定）

↓

A　動く（行動）

D・A：リーンスタートアップの実践

Loop（振り返る）

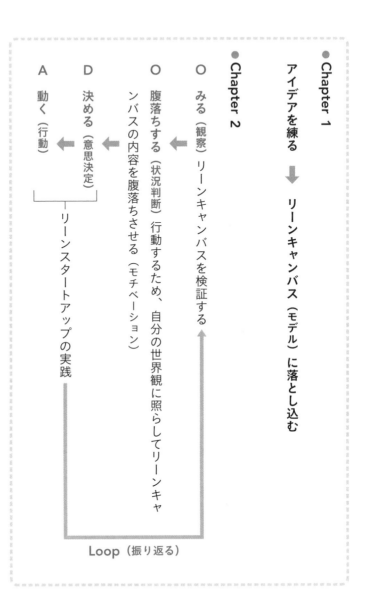

04 みる／Observe（観察）1 あなたのアイデアに共感する人は誰かを知る

あなたを応援する人の視点で考える

OODAループの最初のOはObserve（観察）。リーンキャンバスで描いた関係性をリアルに検証するのがこの「観察」になり、ここがOODAでも最も重要なパートです。

なぜなら、できる限り現場から正確な情報を収集することは、失敗リスクを減らすことにつながるからです。そういう意味で、リスクマネジメントの要素を含む過程になります。

では、順を追って見ていきましょう。

「観察」でまず行うことは、リーンキャンバスの右側、製品やサービスを利用する顧客像の部分の検証です。

これは、単に市場を見て物理的に入ってくる情報を収集するだ

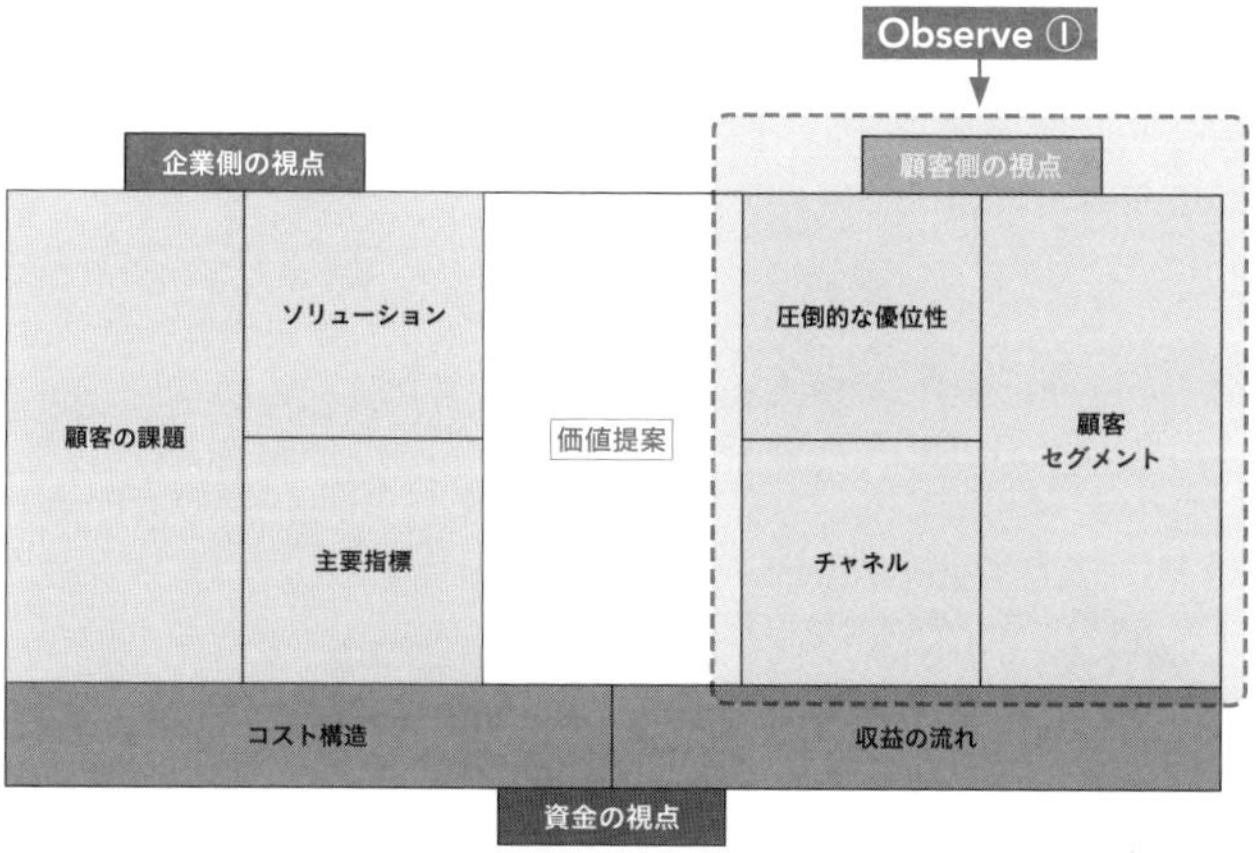

けではなく、あなたのスタートアップアイデアに関心を持ってくれる顧客（アーリーアダプター）を意識して、あなたを応援する人の視点で考える必要があります。

アーリーアダプターとは、新製品や新サービスなどを、比較的早い段階で購入や利用する傾向のある人々を言います。

これは、スタンフォード大学のエベレット・ロジャース教授が、１９６２年に発表した「イノベーター理論」の中に出てくる考えで、その理論では消費者は新製品やサービスに対する反応の早さで下図の５つに分類できるとし、それぞれの構成比が出されています。

では、具体的にあなたのビジネスアイデアを応援しようとするアーリーアダプターの心をつかむにはどうすればよいのでしょう。コミュニケーションと人間関係作りの大家であるデール・カーネギーは次のように言っています。

「人から押しつけられた意見よりも、自分で思いついた意見のほうを、われわれは、はるかに大切にするものである。すると、人に自分の意見を押しつけようとするのは、そ

[イノベーター理論の5タイプ]

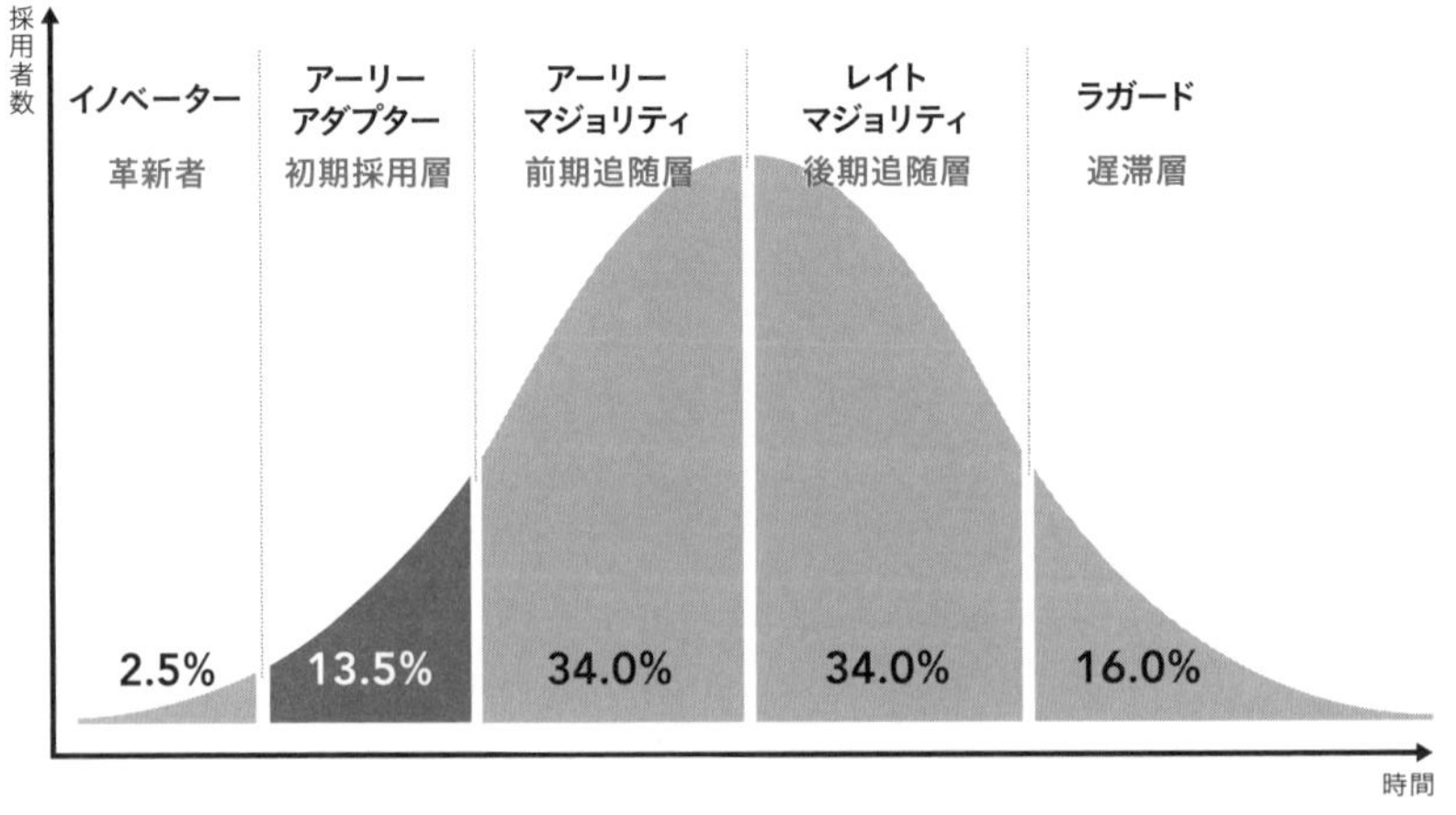

もそも間違いだと言える。暗示を与えて、結論は相手に出させるほうが、よほど利口だ」

デール・カーネギー（『人を動かす』より）

つまり、人は自分自身で「いいな」と思ったアイデアであれば、自分に必要なものと思って積極的に応援する側に回ってくれるようになるのです。このように自分ごと化してもらうための顧客体験（カスタマーエクスペリエンス／ＣＸ）を提供する手段は一つではなく、いくつか持つことをお勧めします。

例えば、ＳＮＳで映える写真や動画を掲載して「いいね」がつくようなサイトを作ったら、次にリアルイベントを企画し、ＳＮＳで共感してくれた人たちに行動を促すのです。リアルイベントで実際に会って話したり、サービスを体験してもらったりすることができれば、あなたの共感者になってくれる可能性は大きくなります。

こうして、どんどん目の前の顧客を浮き彫りにしていくことで、あなたのビジネスアイデアの顧客になってくれそうな人はどんな人なのかといった情報を収集していく（観察する）わけです。

▼共感者を集めるツールとしてのクラウドファンディング

クラウドファンディングを試して共感者を集めるという観察の方法もあります。

現在、クラウドファンディングは、商品開発やイベント開催などの目的を提示できれば、不特定多数の出資者から気軽に資金調達を行えることから、個人からスタートアップ企業、大企業に至るまで幅広く活用されています。クラウドファンディングの語源は「Crowd（群衆）」「Funding（資金調達）」で、プロジェクトを実行するための資金調達が主な目的ですが、最近は新たな活用方法に注目が集まっています。それは、**クラウドファンディングプラットフォームの認知度を活かしたプロモーション活動やテストマーケティング**です。

クラウドファンドのプロジェクトの目的は、「ものづくり」「イベント開催」「アーティスト活動支援」「起業」など多岐にわたります。個人やスタートアップでも、プロジェクトを公開することができ、将来の顧客候補から出資を得られるというメリットがあります。

私が在籍した湘南ヘルスイノベーションパークというスタートアップエコシステム※内では、クラウドファンディング大手の「READYFOR（レディーフォー）」とコラボして、ライフサイエンスの「研究開発プロジェクト」のクラウドファンディングを支援実施しています（下図がその際のWebページです）。私も2018年にこの立ち上げに関わりました。研究者の研究資金をクラウドファンディングで集めるのは当時としては珍しかったのです

スタートアップエコシステム
スタートアップエコシステムとは、新しいビジネスや企業が生まれ育つための環境や仕組みのことを指す。これには、スタートアップ企業を支援するベンチャーキャピタルやアクセラレーターなどの投資家や支援者、起業家や技術者を支援するコワーキングスペースやイベント、地域社会や産業界、政府などが含まれる。スタートアップエコシステムは、新しいアイデアや技術を持つ人々が新しいビジネスを始め、成長するための支援を提供し、イノベーションを促進することを目的とする。

が、実行しました。すると、想定していた金額以上の資金が集まったのです。研究資金が集まるのはもちろんのこと、研究内容にある難病患者の存在などが社会の中で認知されることにもつながり、ドクターや患者、その家族などのネットワーク形成にも一役買いました。

単なる資金調達だけではなく、社会に対する患者アドボカシー効果※も発揮し、研究のニーズが明確に社会へ認知された瞬間を目の当たりにしました。

この方法は今後、共感を集める方法としてさらに進化していくと考えられます。

現に、一般的に認知度の高い「購入型クラウドファンディング」が主流の中、「株式投資型クラウドファンディング」としてスタートアップ起業家向けのサービスが新たに開発されています。

あなたのビジネスの共感者を集める（将来のお客様になりそうな人を観察する）ための手段として利用することを考えてみてもよいのではないでしょうか。

▼Twitterのキーワードターゲティングを使いこなす

また、Twitterのキーワードターゲティングを活用すると、利用者がどんな単語やフレーズで検索したかといった検索クエリ、最近のツイートおよび最近反応を示したツイートのキーワードに基づき、Twitter利用者に広告を表示することができます。

このターゲティングオプションを活用すれば顧客候補の共感度合いを探ることができます。このことであなたのスタートアップアイデアに関連性が最も高い利用者にリーチできるポジション

患者アドボカシー効果
患者アドボカシー効果とは、その疾患や病気の認知度を高め、研究や治療、支援のために関係者や一般社会に働きかけることで、疾患の理解や対応、医療制度や社会制度の改善を促す効果をいう。

を確保する環境を整えます。顧客となり得る共感者が興味のある事柄に対し、最適なタイミングであなたのスタートアップアイデアの広告を届けることで、生の情報を獲得するのです。先入観を持たずに市場の状況を観るための方法として、試してみたい方法の一つです。

Twitterで検索された言葉は、利用者がその時に最も興味を持っている事柄を表しています。キーワードターゲティングでは、例えば、あなたのビジネスに関連することを検索した利用者にツイートを届けることができます。このターゲティングは、あなたのビジネスに関係のあるカルチャーイベントや周期的な行事、業界イベントのタイミングで使うと特に効果的です。

Twitterによるキーワードターゲティングのメリットをまとめると次のようになります。

●興味・関心をピンポイントでターゲティングできる

キーワードを自由に設定できるため、ターゲット層の興味・関心に合わせたピンポイントのターゲティングができます。

●興味・関心を抱いている顕在層へアプローチできる

ユーザーが積極的に検索しているキーワードと連動して広告を表示するため、ユーザーのニーズに合わせたターゲティングができます。

また、話題になっているニュースやトピック、イベント、スポットなどリアルタイムで知りたい情報や商品の口コミに関する検索アクションに合わせてキーワードを設定することで、顕在層へのアプローチが可能です。キーワードターゲティングを活用すると、利用者の検索クエリ、最近のツイート、および最近反応を示したツイートのキーワードに基づき、Twitter利用者に広告を表示することができます。このターゲティングオプションにより、適切なターゲットにアプローチして、興味を引き、関心を高め、製品やサービスの購入につなげるための最適な状況を作ることができます。

●検索アクションに至る前の潜在層へアプローチできる

投稿の内容に表れる感情や思考を手がかりにキーワードを設定することで、検索エンジンでの検索アクションに至る前の潜在層に対するアプローチが可能です。

●検索連動型広告では見つからない「お宝キーワード」が見つかる

実際にユーザーが投稿している内容を基にペルソナを深堀りすることで、検索連動型広告では発見できない「お宝キーワード」を発見できる可能性があります。Twitter広告の運用を通して発見した「お宝キーワード」をTwitter広告以外の媒体でも利用すれば、さらなる効果が期待できます。

05

みる／Observe（観察）2

消費とニーズのメカニズム「ジョブ理論」を駆使する

▼現場の顧客視点で本当の課題を知ることができる「ジョブ理論」

次にリーンキャンバスの左側部分の「企業側の視点」について見ていきます。この時に役に立つのが「ジョブ理論」です。

ビジネスをしている人なら誰でも「ニーズ」という言葉には馴染んでいることでしょう。

ではあなたは、その「ニーズ」を説明したり、「ニーズ」を予測したりすることはできますか。

「ジョブ理論」はこの「ニーズ」を分析するのに非常に有効な理論です。ジョブ理論を発表したのは先にも紹介した「破壊的イノベーション」や「イノベーションのジレンマ」などで有名な世界で最も影響力のある経営学者の一人であるクレイトン・クリステンセン教授です。

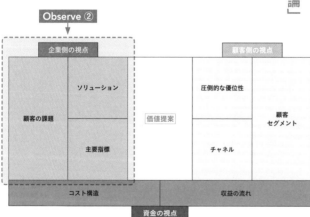

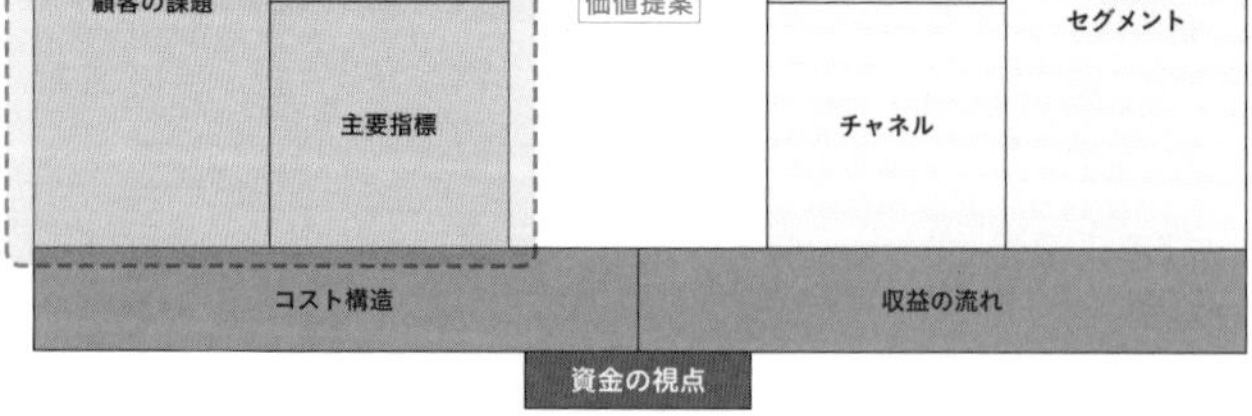

ジョブ理論は人が製品やサービスを買う行為の背後にあるメカニズムを論理的に説明したもので、教授はこの理論の中で「ニーズ」とは何で、消費者のニーズをどのように捉えるのかを解明しました。製品やサービスを展開する上で、顧客のニーズを論理的に把握するのに効果を発揮します。顧客の「ジョブ」を把握すると、あなたが提供しようとする製品やサービスに足りない部分が明らかになります。「ジョブ理論」はまさにOODAループ思考の観察の部分では役に立つ理論と言えるでしょう。

では、ここでそのジョブ理論の基本構造を簡単に解説しましょう。

●ジョブ理論　ポイントその1

ジョブとは、**顧客や消費者が「済ませたいこと（成し遂げたい目的）」です（Jobs to be done）**。顧客はジョブを解消することで快感を得ます。マーケティングの事例でよく言われるものに「お客が買ったのはドリルではなく、壁に穴を開けること」というフレーズがあります。

お客が欲しかったのはドリルという商品そのものではなく、やりたかったのは壁に穴を開けることです。穴を開けるという済ませたいことが「ジョブ」なのです。このように、顧客には必ず「ジョブ」が付随します。だからジョブを観ることが重要になってくるのです。

●ジョブ理論　ポイントその2

ジョブを叶える手段として、人は特定の製品やサービスを消費します。その行為をジョブ理論では雇う（ハイア）と呼んでいます。ここはジョブ理論らしく、ジョブを叶える製品やサービスを雇う（ハイア）と表現しているのです。

●ジョブ理論　ポイントその3

ジョブは、顧客が製品・サービスを購入するかどうかの判断材料です。よって、顧客の置かれた状況により、雇う製品やサービスは左右されます。

顧客のニーズが先にあって、会社はそのニーズを埋めるソリューション（＝製品やサービス）を企画しなければいけません。

●ジョブ理論　ポイントその4

ジョブには、達成することによる感情的、社会的な側面もあります。例えば美容室に行って髪を切ることは「ヘアスタイルを整える」という機能的な側面を満足させます。しかし顧客にとっての満足はこの機能的側面だけではありません。お気に入りの美容室で、自分のことをよく知ってくれているスタイリストさんに担当してもらうことで「嬉しさ」や「安心感」を感じます。これは感情的側面です。

また、スタイリングした映える写真を撮ってＳＮＳに投稿し、「いいね」をたくさんもらえると「センスがある人間だと思ってもらえる」。これは社会的な側面の満足感だと言えます。

▼顧客の成し遂げたい目的がジョブ

ジョブ理論で重要視されるのが「ジョブ」という要素です。

顧客は製品やサービス、アプリケーションなどを利用する時に、必ず「成し遂げたい目的」があります。繰り返しになりますが、これが「ジョブ」です。

それでは顧客の**「成し遂げたい目的」＝「ジョブ」**を見抜くコツを考えるために次の事例を見てください。日本のカーシェアリングサービス「Anyca（エニカ）」を運営するスタートアップ企業「株式会社 DeNA SOMPO Mobility」に対して、ジョブ理論を当てはめてみます。

まず、消費者がカーシェアリングサービスを利用する理由を考えます。「Anyca」の場合、利用者の主なジョブは「自分の車がない時に、必要な場所に移動するための車を手軽に借りたい」というものでしょう。このジョブを達成するために、「Anyca」は以下のような要素を提供しています。

- **利用者が手軽に予約できるアプリ**
- **ドライバーとのコミュニケーションがスムーズなチャット機能**
- **利用者の評価を基にしたドライバーの評価システム**
- **事故や故障の際の24時間対応サポート**

また、Anycaは他のカーシェアリングサービスと比べて、実在する個人のドライバーが所有する車を借りることができる点が特徴的です。これにより、車の種類や場所に制限されず、より多様な形で自由に所有者とコミュニケーションを取って車を借りることができるという利点があります。

以上から、「Anyca」は消費者が求めるジョブを正確に理解し、それに合わせたサービスを提供していることがわかります。また、他のカーシェアリングサービスとの差別化点も明確に示しており、競合優位性を確保していることもわかります。

これがあなたのビジネス現場の顧客に視点を合わせてみるということです。顧客は本当は何を成し遂げたいのでしょう。その「ジョブ」を顕在化させ、それに応えるために、自社のサービスや製品をどのようにアップグレードして、顧客に「ハイア」してもらえばよいのか。現場の顧客視点から大切なヒントを探し出

［Anycaとは？］

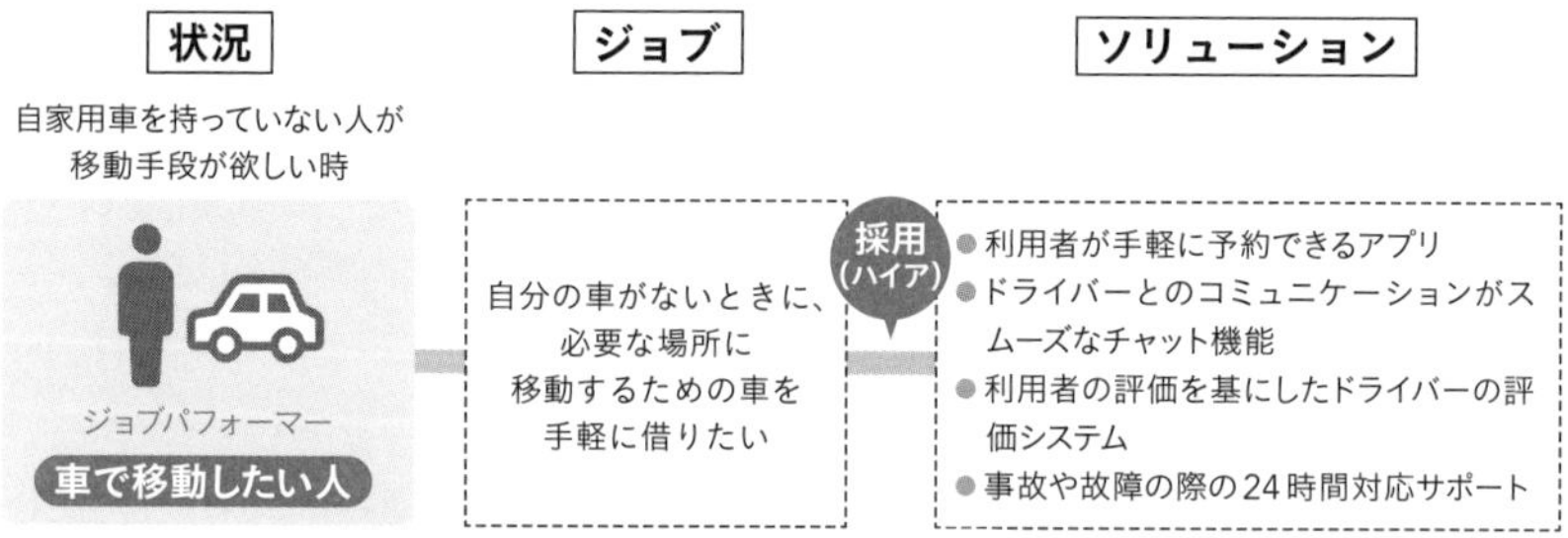
状況
ジョブ
ソリューション
自家用車を持っていない人が
移動手段が欲しい時
ジョブパフォーマー
車で移動したい人
自分の車がないときに、
必要な場所に
移動するための車を
手軽に借りたい
採用
(ハイア)
● 利用者が手軽に予約できるアプリ
● ドライバーとのコミュニケーションがスムーズなチャット機能
● 利用者の評価を基にしたドライバーの評価システム
● 事故や故障の際の24時間対応サポート

他のカーシェアリングサービスとの差別化点

- **車種のバリエーションが豊富**
  Anycaでは、ハイエンドカーやスポーツカー、キャンピングカーなど多彩な車種を提供しています。そのため、より多くのニーズに対応することができます。
- **24時間いつでも予約可能**
  他のカーシェアリングサービスでは、予約可能な時間帯が限られていることがありますが、Anycaでは24時間いつでも予約可能です。急な用事や夜間の移動など、柔軟な利用ができるというメリットがあります。
- **オーナーと直接やりとりができる**
  Anycaでは、車を貸し出すオーナーと直接やりとりができます。これにより、よりスムーズな利用や不明点の解決が可能となります。

することがジョブ理論を駆使することによって可能となるのです。

顧客のジョブを顕在化させるための「インタビュー」

OODAループ思考の最初、Observe（観察）では、共感者の観察や顧客の「ジョブ」を把握することが重要であることがわかりました。ここで、経営の神様と言われるピーター・F・ドラッカーは「企業が考えるニーズと、実際の顧客ニーズは、基本的に乖離している」と言っていることを紹介したいと思います。つまり、ニーズのズレがあると言っているのです。

その意味は、私たちは「ニーズ」と「ジョブ」をしっかりと区別して理解していないということに起因するのではないでしょうか。実際、ジョブとニーズの違いは何なのでしょう。もう少し、「ニーズ」について深掘りして見ましょう。

顧客の「ニーズ」というものは、潜在的なものです。目の前に製品やサービスといったソリューションがあり、それらを顧客に提案してみてはじめて需要があるかどうかを確認できます。顧客の「ニーズ」を知るにはこの提案プロセスを踏んではじめてわかるものなのです。一方、顧客の「ジョブ」というものは、顧客本人が認識していようがいまいが、顧客自身が抱えている課題のことを指します。

では、顧客の「ジョブ」をあなたが見つけるにはどうすればよいのでしょうか。それには2つ方法があります。一つは、**「無消費」に着目することです。**市場において、ジョブがあるにもかかわらず、既存の製品・サービスを購入（ハイア）していない人がいます。これが**「無消費」**※**と言われる領域**です。なぜ自社の製品・サービスが選ばれていないのか、他社のサービス・製品が購入されていないのか、その理由を掘り下げることで顧客の真のジョブが見えてきます。

もう一つは、製品やサービス、アプリケーションなどのユーザーに直接インタビューすることです。「ジョブ」を顕在化させるためのインタビューです。その方法として有効な質問の仕方は、製品やサービスを使用または消費している**理由を尋ねるのです。**

【インタビュー例】

「あなたはどうしてポケモンＧｏを使っているのですか」（↓理由を尋ねる）

「はい、自分がインドア派で普段は外出する気もないのですが、ポケモンＧｏがあると自然と外に出る意欲が湧いてくるのです。運動不足解消になるので使い続けています」

運動不足を解消したい　↓　顧客の「ジョブ」（顧客の抱えている課題）

ポケモンＧｏアプリ　↓　顧客の「ニーズ」に合っている「ソリューション」

無消費
無消費（ノンコンサンプション）。何らかの制約によって、製品やサービスが使われていない状況のことを言う。例えば、宿の貸し手と借り手を結んだエアビーアンドビーは、無消費に着目したもの。

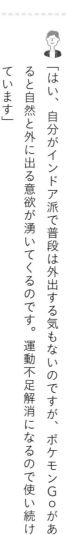

ジョブとさまざまなソリューションの間のニーズを聞くのではなく、単純に使っている理由を尋ねると、顧客はジョブとその人に合ったニーズに対応しているソリューションの情報を教えてくれます。こうすることで、明確に顧客の置かれている状況や抱えている課題が見えてきます。なぜその製品やサービスを購入し、使い続けてくれているのか。その答えに顧客の真の「ジョブ」が隠れています。

「ジョブ」と「ニーズ」の正しい言葉の使い方

「顧客には◯◯という切実なジョブがあって、それを適切に解決できるソリューションにはニーズがある」

みる／Observe（観察）のポイント

OODAループではここが一番大事。情報の質が高ければ誤った情報で状況判断するリスクをある程度コントロールできる。じっくりと観察することに力を注ごう。

06

腹落ちする／Orient（状況判断）1
ドラッカーの5つの質問を使いリーンキャンバス全体を振り返る

5つの質問であなたのビジネスモデルを検証する

スタートアップを目指すのであれば、ドラッカーの5つの質問をご存じの人も多いと思いますが、これはあなたの考えるビジネスの存在意義や独自性を省みるためのツールであり、あなたの価値観を社内に浸透させるためのツールとも言えます。

ドラッカーの5つの質問は、個人や会社の価値観を明確化し、行動を決定するものです。OODAループ思考のOrient（状況判断）では観察で集めたリアルの情報とリーンキャンバス上の情報を照らし合わせます。その時に役に立つのがドラッカーの5つの質問なのです。リーンキャンバスを自分の納得感のあるものにするため（腹落ちさせるため）に5つの質問で全体の検証を行いましょう。

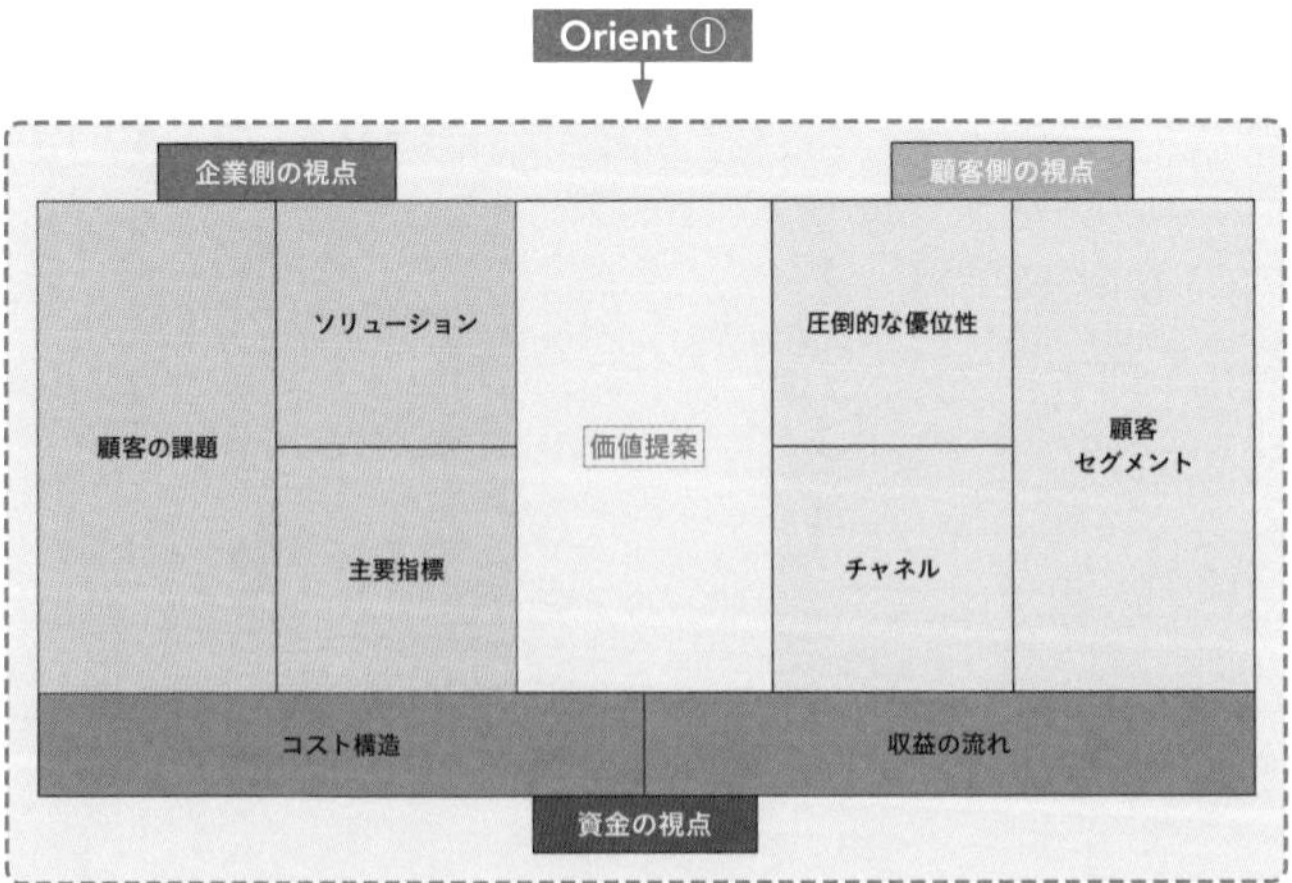

説明に入る前にまずみなさんに質問です。事業を永続的に成長させていくためにどうすればよいのでしょうか。成功とは挑戦の結果であって、幸運の結果ではありません。成功を収めている企業とそうでない企業の違いについて、ピーター・F・ドラッカーはこう言っています。

「成功を収めている企業は、『われわれの事業は何か』を問い、その問いに対する答えを考え、明確にすることによって成功がもたらされている」

ピーター・F・ドラッカー

「われわれの事業は何か」を問うとは、自社の事業はどうあるべきかを徹底的に考え抜き、自社のあるべき姿を明らかにするということです。経営者のそんな仕事の助けとなってくれるのが、ドラッカーの5つの質問なのです。

ここには経営者は、「何を考えればいいのか」「何を決めればいいのか」「何を行えばいいのか」ということが問いかけの形でまとめられています。その中身は次の通りです。

第1の質問　われわれの「使命」は何か
第2の質問　われわれの「顧客」は誰か
第3の質問　われわれの「顧客にとっての価値」は何か
第4の質問　われわれの「成果」は何か
第5の質問　われわれの「計画」は何か

5つの質問の一つ一つには、さらに細かい質問があります。それらの問いに対する答えを導き出すことによって、結果として、優れた経営につながります。

注目してほしいのが、**質問の視点はすべて「われわれ」である**ことです。「われわれ」であるということは、社長が一人で考え込むものではなく、経営チームメンバーと共に取り組むことを意味しています。つまり、答えを共有する前から問いを共有して一緒になって考えていくプロセスが重要であることを示唆しているのです。

5つの質問は「答えを出して終わり」ではなく、「問い続けるもの」です。同じ問いに対して全員が同じ答えが出てくる状態になれば、経営チームが一枚岩になり、さらなる成長へとつながるというわけです。

経営者の仕事は、今日の仕事をこなすことではなく、今日と違う未来を作ること。ドラッカーはこう言っています。

「未来に何かを起こすには勇気を必要とする。努力を必要とする。信念を必要とする。その場しのぎの仕事に身を任せていたのでは未来は作れない」

ピーター・F・ドラッカー

スタートアップで大事なのは第2の質問

「事業の目的は顧客の創造である」とドラッカーは言っています。

そのためには「誰」の「まだ満たされていない欲求を満たすのか」を明確化する必要があります。会社の成果を上げるため、誰が対象であるのか焦点を絞るのです。

これは活動の優先順位を定めると言い換えてもよいでしょう。そうしなければ活動のエネルギーが分散して、成果を上げることはできないからです。

「あなたの組織は、誰を満足させた時に成果を上げたと言えるのか？」

この2番目の問いへの答えを考えることで、「顧客は誰か」がわかってきます。

選んだ顧客から、選ばれなければならないとドラッカーは言っています。

これまでの顧客に取られていた時間を新規開拓営業に使い、自分たちが貢献したいと思える真の顧客を獲得していくことに直結するのです。

私はロボットスーツの営業をしていた当時、選んだ顧客から選ばれるという経験をしました。

２０１０年頃はまだ医療機器バージョンのＨＡＬ※が製造されていなかったことから、福祉機器としてのロボットスーツで営業をしていました。お客様に呼ばれれば伺い、どんなお客様でも当たって砕けろの精神で総当たり戦の新規顧客開拓営業をしていました。通称、ドブ板営業とか

HAL
HAL®（Hybrid Assistive Limb®）は、身体機能を改善・補助・拡張・再生することができる世界初の装置型サイボーグ。HAL®の医療機器バージョンは医療機器承認番号を取得したもので、一般的に名称を生体信号反応式運動機能改善装置という。

ローラー作戦とも言います。

スタートアップですから、当時は、まだロボットの市場など存在しない、業界ルールもない、誰がお客様かもはっきりとわからない状態でしたので、まさにリーンスタートアップ（146ページ参照）の段階でした。できるだけ多くの顧客に会ってフィードバックのループを繰り返す活動をしていたのです。

訪問したのは医療機関（診療科も複数、整形外科、神経内科、脳神経外科、リハビリテーション科）、リハビリ専門病院、老人介護保険施設、有料老人ホーム、デイサービス施設などなど。もちろん設置主体によってもそれぞれ規模が変わるので、特徴や雰囲気が全く異なります。

当時の私は若さを武器に、訪問する場所、出会う人すべてを顧客と思って全力で対応していました。その時、ドラッカー理論を学び、2つ目の質問「われわれの顧客は誰か？」について考えたのです。

よく調べてみると、共同研究に興味のある研究意欲の強いドクターがいる病院からの引き合いが多いということに気づきました。そこで福祉機器としてのロボットスーツの営業先（顧客）は「研究意欲の強いドクターや理学療法士」がいる場所として定義しました。

そうして、営業先を絞るなどし、ドクターの研究サポートに集中することで営業に余裕ができ、施設への普及拡大を実現していきました。

当時はまだ福祉モデルだったので、医療機器を扱う保険診療が中心の病院に採用されるはずもなく、あくまでも研究目的となります。当時の顧客となっていただいた専門家たちは、まさにスタートアップにとって大事なアーリーアダプターでした。

このアーリーアダプターとの関係性は重要で、その後、ロボットの開発が進み、医療機器バージョンが世に出た際には真っ先にそのユーザーにもなっていただけました。おかげで、CYBERDYNEは国内ばかりではなく海外にも拠点を持つ医療機器開発会社となりました。

顧客を明確にすることで「選んだ顧客から選ばれること」を実現したのです。

ドラッカーは、顧客は変わっていくものだとも言っています。顧客の変化に応じて自ら変化していくためにも、顧客については繰り返し考える必要があります。**解は常に「追求し続ける」ものであり、自問自答し、深めることが大切である**ことは付け加えておきます。

07

腹落ちする／Orient（状況判断）2

マズローの5段階の欲求で自分の欲求段階を理解する

▼マズローの5段階の欲求とは？

「行動する」には自分のモチベーションがとても大事です。マズローの5段階の欲求を理解することで、あなたのモチベーションについて見える化できます。見えてきた顧客の課題に立ち向かうため、**自分の気持ちを整理して、納得して前に進めるようしっかりと（なぜ自分がやるのか、やりたいのか）腹落ちさせましょう。**

ではその「マズローの5段階の欲求」が何なのかから説明していきます。

アメリカの心理学者、アブラハム・マズローは、**人間の欲求は5段階のピラミッドのように構成されている**と理論づけました。その5段階の欲求とは**「生理的欲求」「安全の欲求」「社会的欲求（所属と愛の欲求）」「承認欲求」「自己実現の欲求」**で、「マズローの欲求5段階説」と呼ばれることもあります。

これら5つの欲求には次ページの図のようにピラミッド状の序列があり、**低次の欲求が満たされると、もう一つ上の段階の欲求を持つようになるとマズローは言います。**

例えば、災害時の欲求について考えてみましょう。

5つのうち最も低次な欲求は「**生理的欲求**」です。これは食欲や睡眠欲を満たすなど、**最低限生命を維持するために必要な**ものです。災害が起きた後3時間くらい経過して最初にくるのが「トイレ」の欲求で、その後、空腹を満たすための食べ物、寝る場所の確保という順番になると言われています。

これら「生理的な欲求」が満たされると次は、健康について不安を取り除きたいと考えるようになり、さらに避難生活が強いられるとしたら、話し相手になってくれる友達も欲しいといった社会的欲求につながっていきます。

このように、人の欲求というものは生理的欲求から**次の段階の欲求へと進んでいくものなのです。**

▼自分の欲求を分析する

通常、このマズローの5段階の欲求は、自社製品の開発や販促など、マーケティングの場面で活かすものですが、**OODAループ思考の状況判断では、主に仕事を通じて実現したい自分**

［マズローの5段階の欲求］

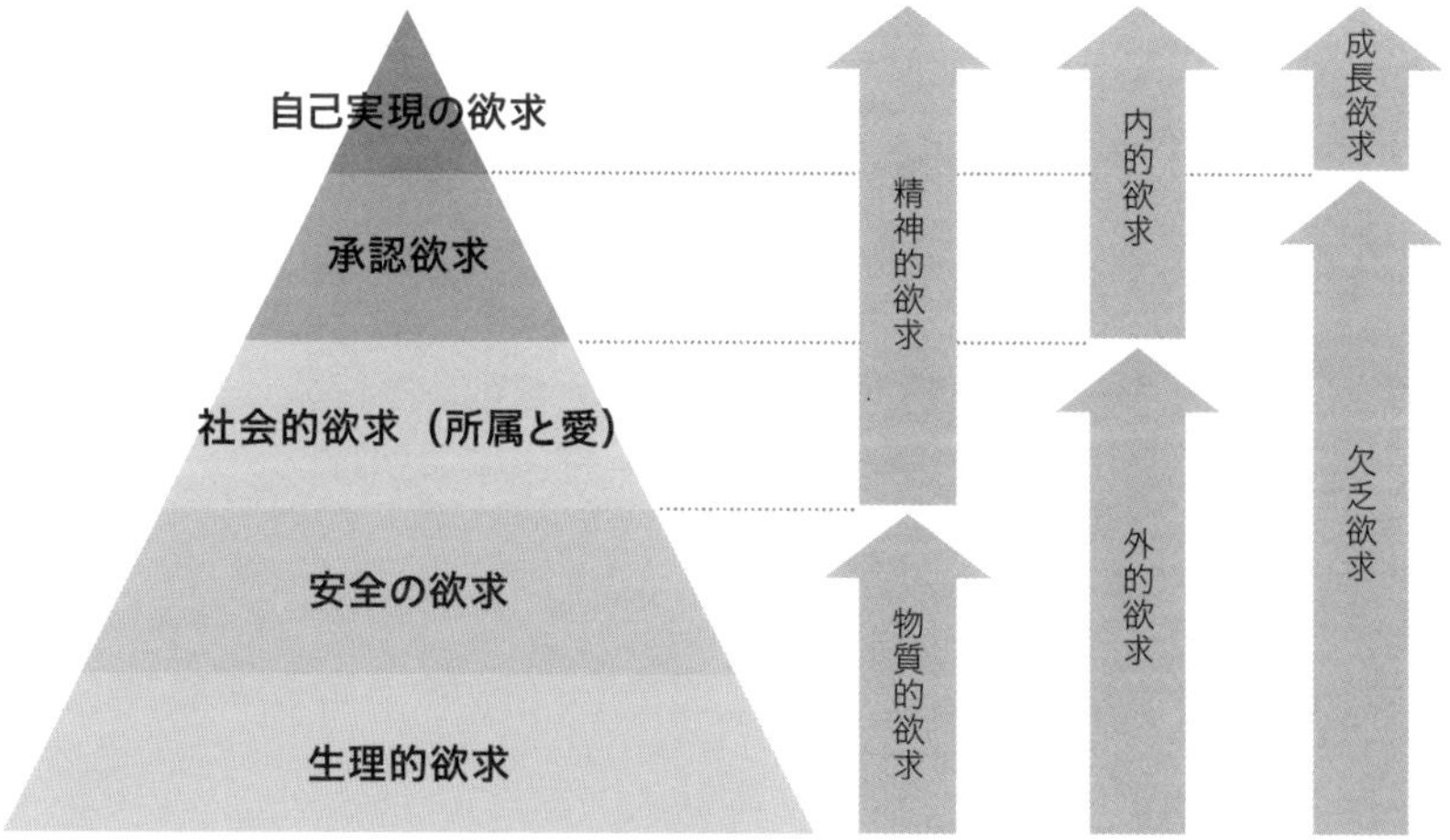

の欲求段階を分析することで自分のモチベーション（なぜ自分がやるのか、やりたいのか）を整理し、理解することに使います。

顧客の欲求に応えるにはあなたの仕事に対する欲求段階が今どこにあるのかを知っておく必要があります。これはあなたの仕事に対する価値観とも言えます。

「自分は仕事に何を求めているのか？」という欲求を知ることで、現在の仕事に対するモチベーションを可視化し、ドラッカーの5つの質問で導き出した仮説に対する状況判断の方向性が合致しているのかどうかを見極めることができます。

これについては私がスタートアップの世界に入ったジャーニーをたどって説明してみましょう。

●大学で学んだ公共政策を行政で役立てたい段階（1999年4月から2008年9月）

私はまず大学で公共政策を学び、それを活かすために公務員になる道を選びました。茨城県庁では総務部職員課に配属され、庁内85課の組織や人を覚える仕事に就きました。言ってみれば庁内随一の人の情報屋です。その後、茨城県立医療大学に赴任し、大学事務を担当し始めてアカデミアの世界を知りました。と同時に、高校時代に憧れていた医療の世界を知るきっかけとなりました。その後、商工労働部産業政策課に配属され、中小企業支援と新産業創出を考える産業政策を担当しました。この時に、筑波研究学園都市担当となり、さまざまな分野のスタートアップを考える仕事に就くことができました。産業政策課に所属している期間に研修として三井物産に行ったのですが、そこでスタートアップの仕事の面白さを知りました。

●**民間企業で自分の実力を発揮してみたい段階（2008年10月から2018年3月）**

ここで次の段階の欲求に進みます。支援する側から、支援を獲得し自ら前進する企業人として活躍したくなったのです。約10年勤めた県庁を飛び出し、CYBERDYNEに運よく転職できました。県庁職員が地元大学発スタートアップに転職するという、県庁始まって以来の珍事でした。これを可能としたのは、私としてはその時すでに、**WHYを明確にして、チャレンジしていくことを価値観として持っていた**からです。

●**日本にイノベーションエコシステムを作りたい段階（2018年4月から2023年3月）**

ここでさらに次の段階の欲求に進みます。個別のスタートアップでの活動を通じ、持続発展的に日本国内にイノベーションを生み出す拠点が必要だと思うように至りました。約10年間勤めたCYBERDYNEでの経験を還元しながら、武田薬品工業が開始するオープンイノベーションプラットフォーム事業に参画することになりました。この考えに至る過程には、首相官邸との対話や経済産業省や神奈川県庁のメンバーとの国家戦略特区に関する国の規制緩和要求の仕事を通じて、日本がイノベーションを生み出すことにふさわしい国にするための世界的拠点が必要であるという思いに至ったからでした。国内の視点だけではなく海外から見た日本の製薬業界を知りたいと思い、ノバルティスファーマに転職したのも日本にイノベーションエコシステムを作りたいという動機からでした。

以上の段階を追った欲求があるのは、その前の段階の欲求が満たされたからと言うのが、マズローの5段階の欲求を知っている読者なら理解してもらえるでしょう。それぞれの段階では、次のようなことが起きていたのです。

「スキルや経験を磨く」

最初の職業として選んだ茨城県庁では、行政組織の知識、仕事全般の進め方、組織の中での動き方、プロジェクトマネジメントのスキル、企画起案のスキル、社会人としてのマナー、各種業務スキルなど、多岐にわたるスキルを身につけていきました。

「チームワークを学ぶ」

CYBERDYNEでは多様なバックグラウンドを持つ人々と一緒に働き、グローバルな環境で多様性を尊重しながら、チームワークを発揮することを数多く学びました。仕事を円滑に進め、家族のような楽しい職場環境に所属する意識を大事に全精力を傾けて働きました。

「さらなる社会貢献意識の芽生え」

CYBERDYNEは未来開拓企業です。超高齢社会の課題解決と新産業創出という社会的責任を果たすための活動を積極的に行っています。例えば、身体機能改善トレーニングの提供、重作業支援、予防医療を社会システムの中で実現するウエアラブル機器の開発などです。このような取り組みをしている会社へ帰属することに喜びを覚え、自分自身の仕事として捉えられるようになりました。そして、CYBERDYNEのような会社を次々と生み出していくような国を作るために、イノベーションエコシステムを創造したいという思いに至りました。

このように、働きながら自己実現の要求度合いがどんどんと現場で変化していきます。働いてみることで、一人一人が当初抱えていた自己実現の欲求度合いからさらに段階が変わっていくのを実感することになります。このことをマズローの法則を当てはめて検討すると次のようになります。

①**生理的欲求**：生活のために「お金」を稼ぎたい（入社した最初の段階）
②**安全の欲求**：過重労働やハラスメントのない、「安全安心な職場環境」で働きたい
③**社会的欲求**：同僚や上司と「良好な人間関係」を築きたい
④**承認欲求**：仕事の成果を「認められたい、出世したい」
⑤**自己実現欲求**：仕事を通じて「社会貢献したい」、「環境や地域社会にコミット」したい

《高次の自己実現欲求へとつながる》

仕事をする上で、欲求は**段階を追って変わっていくものです。つまり、現在自分が抱えている欲求レベルはどのレベルなのか、現状について知る**ことは、今、仕事で顧客に対して実行しようとしている仮説に何が不足しているのかが見えてきます。

承認欲求が満たされていないのだとわかった場合、休日にスキルを磨く、**業務の効率化**を図る

など、業績・評価をアップさせる取り組みをすることでモチベーションにつながると期待できます。あるいは、同僚との人間関係に問題があって**社会的欲求が充足されていない**と分析されたなら、親睦会などを通じ同僚との関係性を深めていくことで、職場をより快適に改善していけそうだということになります。

OODAループの2番目のOrient（状況判断）では、まずはあなたが観察した状況を理解し、納得するかどうかが大切です。あたりをつけて、前に進むことです。

わからないから動かないというのではなく、まず動いて試してみて、違っていたら素早く修正するという仕組みを構築すること。とりあえずの理解ができたところで、仮説を立てる。マーケティングリサーチなどでここに時間をかけるよりは、仮説を立てて実証に移ってからまたここに戻ってくることを優先しましょう。

Orient（状況判断）のポイント

ここにあまり時間をかけず、次の仮説構築に進むこと。ただし、次に進む際に納得感が重要。理解とは自分の中で腹落ちしている状態を指す。

COLUMN 02

リープフロッグイノベーションの活用

ＯＯＤＡの状況判断では、世界を広く見ることも大事です。椿進氏（元ボストンコンサルティンググループのパートナー・マネージングダイレクター）は著書である『超加速経済アフリカ』（東洋経済新聞社）で、アフリカの経済成長やイノベーションに注目し、アフリカの潜在能力や可能性を指摘しています。彼が述べるアフリカを活用するイノベーションの勧めは、当該書籍に次のようなものが挙げられています。

アフリカ大陸は、過去の技術やインフラがまだ整備されていない地域も多く、これまでの**先進国が経験したような工業化や都市化の段階を飛び越えて、新しいテクノロジーをすぐさま導入することができる**というのです。

これを「**リープフロッグ（かえる跳び）イノベーション**」と呼んでいます。アフリカではスマートフォンの普及が進んだことでモバイルでの銀行決済（電子マネー⇄現金の交換）など、アフリカに合った新しいテクノロジーが生まれています。

アフリカは、人口の増加や気候変動など、多くの地域的な問題に直面しています。こうした問題を解決するイノベーションがまさに求められており、アグリテックや再生可能エネルギーなど、地域の問題を解決するためのビジネスモデルが生まれています。

アフリカには、若い人口が多く、平均年齢が10代の国もあります。そのような若い人材を育成することが今後のアフリカ大陸発展のためには重要です。アフリカ内の教育レベルを向上させ、人材の育成に注力することで、イノベーションを推進することができるのです。未だに電気や水道、道路などのインフラが整備されていない地域がアフリカにはあります。医療技術もまだまだ足りません。このような不足するインフラ整備に注力することで、ビジネス環境の整備が進み、イノベーションの発展を促すことができます。

椿氏は、アフリカには多くの未解決課題があるが、それを日本が保有するイノベーションを起こす技術によって解決することで、日本のスタートアップビジネスにチャンスをもたらすことができると指摘しています。

08

決める／Decide（意思決定）
状況を理解した後は直感に従い仮説を立てる

▼OODAにおける仮説構築は「直感」を大事にする

あなたのリーンキャンバスを観察（Observe）し、状況判断（Orient）したら、「どんな行動をしていくのか」を決める（Decide）段階に入ります。

ここではまず仮説を立てることから始めます。この時大切なのは、先入観による仮説構築ではいけないということです。OODAループ思考に沿ってスタートアップビジネスを育てているわけですから、観察し、理解したことを反映させた仮説構築でなければ意味がありません。思い込みや過去の経験からの類推をできるだけ排除し、新しく観察されたもの、今まで見えていなかったものをベースに仮説を構築し、仮説検証というAct（行動）へとつなげていきます。

仮説構築の際は、未来に目を向け主体的に考えます。またスピーディーに仮説構築するためには、自分の直感を信じる訓練が必要です。

間違ってもかまいません。

OODAループは誤りがあるのが前提の思考です。やってみて直すという順番に慣れるためにも、無意識でも直感に任せて動く訓練をしてください。

例えば、自分のお昼ご飯をコンビニで買う時も直感に従い、**5秒で決断することをルール**とし、いちいち迷わないようにします。そのように日々繰り返される意思決定のスピードを極端に短くする訓練を積むのがお勧めです。

このような小さなことを何度も何度もやっているうちに、自分の意思決定パターン（こういう時には、こうやる、こう動く）というものが蓄積されていきます。

こういう顧客に出会ったら、こういう説明をすると納得してくれやすい、というようなパターンが蓄積されていくと、反射的にアクションができるようになります。

営業の世界では「場数を踏め」とよく言われます。これは真実です。ある程度の主体的な失敗を繰り返して経験することで、自分の脳に刻み込まれます。このことで意思決定プロセスを素早く進めることが可能となるのです。

▼直感力を上げるワイガヤ会議

直感力を大切にしている成功者は多いです。Apple創始者のスティーブ・ジョブズも、直感力を大切にしていました。２００５年６月に行われたアメリカ・スタンフォード大学卒業式の講演で、彼は次のように述べました。

「何より大事なのは、自分の心と直感に従う勇気を持つことです。あなた方の心や直感は、自分が本当は何をしたいのかもう知っているはず。他のことは二の次でかまわないのです」

（「ハングリーであれ。愚か者であれ」ジョブズ氏スピーチ全訳より／日本経済新聞社Ｗｅｂ）

私は自分とチームの直感のベクトル合わせのために工夫したことがあります。湘南ロボケアセンターを立ち上げた際に、ホンダ（本田技研工業株式会社）の社内にあったワイガヤ会議に着目しました。ホンダで行われていた**「ワイガヤ会議」**は、**①相手を批判することなく、②目的を共通にして集まり、③できるだけ異なる部署の人たちと、④対等に話す**というものです。

湘南ロボケアセンターでは２０１４年当時、国内ではじめて誕生したロボットスーツを活用したトレーニングセンターでしたので、全員が手探り状態で仕事をしていました。日々、ストレスとプレッシャーの中での事業は大変でした。ワイガヤ会議には大勢のスタッフが仕事帰りにもかかわらず参加してくれました。ワイワイガヤガヤと、日頃思っていることを何でも言い合いながら、こうしたほうがいい、ああしたほうがうまくいくのでは？といったアイデア出しの会議を定期的に実践しました。言いたい放題の場を社長が率先して作りました。それはもう楽しい会議で、明日も一緒に働こうという感じになるのです。議事進行などというお堅いものは一切なし。食べて飲んで、仕事帰りに対等な関係で、ワイワイ話すのです。ただそれだけ。

人は心理的安全性が守られた場であれば、実力を発揮することができます。いつもは押さえ込んでいる自分を解放し、元気な発言をしてくれるようになります。これは、直感で仮説を構築する際に、その精度を上げる訓練になります。もともとOODAはループを高速に回転させて経験値を積み上げていく思考ループです。その際に、常日頃からワイガヤ会議で議論をしていることが、それぞれが仕事の現場で仮説を組む時の情報量の積み上げになっているために、情勢判断の精度が上がるのです。ワイガヤで情報連携をしっかり行い、そこからシナリオを予想し、自分たちの理想に持っていくために現場で何ができるのか、こういったことを日々チームとして実践していくことで良い仮説が作られていくものです。

直感力を上げていくことで、OODAループのスピードがアップしていきます。

ですから「決める」(Decide)では自分の直感を信じて仮説を立てたら、勇気を持ってそれを信じて動くと決めましょう。仮説自体は仮のものですから、間違っていても突き進む勇気を持ちましょう。それによってかけがえのないあなたオリジナルの経験値が稼げます。あなたの直感で動いた結果生み出した経験を、次のAct(行動)に活かしていくのです。

Decide(意思決定)のポイント

先入観を捨て、Observe(観察)、Orient(状況判断)で得られた情報と判断をもとに、自分の直感を信じて仮説を立て実行する勇気を持つ。

09 動く／Act（行動）
自分の直感を信じて最後までやり抜く

▼成果が出るように実行する

さて、いよいよOODAループの最後Act（行動）に移ります。ここでは、仮説の検証を実行し、考察していきます。起業しようとして、自分の強みから出てきたビジネスアイデア。それはどうしてもこれは自分でやるべき、自分しかできないと考えたビジネスアイデアです。人は自分の中から湧き出てきた強い意思、願望であれば最後までやり切ることができます。

あなたが選んだ顧客に、自信を持って商品やサービスを（できるだけ有償にて）提供し、使用感や満足度についてインタビューを行っていきます。

この時注意したいのは、時の流れに身を任せるのではなく、成果が出るように実行するということです。そのためには、次の4つの力を常に念頭に置いて行動するとうまくいきます。

●ステークホルダーマネジメント力

ステークホルダーとなる関係者をマップ化し、ライトパーソン※を見つけること。ライトパー

ライトパーソン
組織の中で決定権を持つ人。また、損得なしに共感して動いてくれる人。

ソンを見つける活動はどんなプロジェクトを回す際も有効です。私はこれを常に最初に意識して動き始めます。

例えば全体を見ている人（ライトパーソンがどこにいるかわかる人）＝人事のトップにアクセスする。人事のことをよく知っている人を紹介してもらったらその人を味方につけるようにコミュニケーションを取ります。そして、ライトパーソンにたどり着いたら、その人も味方につけます。**ライトパーソンは新たなライトパーソンを呼ぶ**ので、とても大切にします。

私の場合では、厚生労働省のライトパーソンを官邸の総理補佐官にお願いして教えてもらいました。会社組織で言えば社長の近くにいる人事担当者などになります。

では、「そもそも（総理補佐官のような）ハイレベルパーソンに近づくにはどうすればよいか？」ですが、それは人脈を築き、その人脈をたどるしかありません。地元議員であるとか、知り合いの経営者など、会社の人脈をたどるのが最もシンプルで最短の道のりです。「そう簡単にはいかないよ」と思う人も多いでしょう。ただ言い方を換えれば、それさえできれば、人と人のつながりの中でビジネスがどんどん回り出しますので、人脈作りに注力してみることをお勧めします。

●スケジュールプランニング力

目標を俯瞰《ふかん》し、**物事を円滑に運ぶため全体の工程表**の作成をします。

全体感をつかまないと、何から始めればよいのか、何をやればよいのか、その優先順位がわからないからです。**まずは「森を見る」という観点から、全体をとらえに行く**イメージです。

『7つの習慣』（スティーブン・R・コヴィー／キングベアー出版）というベストセラーがありますが、そこでも、大きな予定からまずは決めていき、隙間のところに細かいスケジュールを入れていくという効率のよいスケジュールの立て方が紹介されています。スケジュールプランニング力とはまさにそのイメージです。細かいところや小さいところから入っていくと切りがないですが、大きなところ（優先順位の高いもの）から入っていけば、非常に小さいところを詰め切ることはできなかったとしても、全体をまとめることが可能になります。

●段取り力

事前の調整、根回しというものです。段取り力が高い人は、イメージを膨らませます。この後何が起き得るだろう、もしかしたらこういうことが起こるかもしれないなどと、いろいろと想像を巡らせます。**段取りのところでは、リスクマネジメントとして最悪のパターンまで想像するとよいでしょう。ＯＯＤＡループは失敗をおそれないで進めるところをよしとしていますが、なるべく失敗リスクを減らしておくことも大事です。**どのパターンが一番のリスクかを考え、取れるリスクか、避けたいリスクかなども事前に想定し、手を打っておく段取り力がここでは必須となります。

●仕組み化力

最後に仕組み化（熟練化）することが重要です。基本的なフォーマットは大きくは変わらないので、一度決めたものは使い回せるようにしておきます。これがループを短時間に回すために必要な作業です。毎回ゼロから考えるのではなく、共通で使えるところは後々のことを考え、最初にマニュアルにし、仕組み化しておくことが、**効率のよい、個人への依存性が低いチームを作る上で大切**です。あなたが貯めたノウハウを横展開できる状況に持っていくことが腕の見せ所となります。

▼失敗かなと思ったらその経験を完全にループさせる

『失敗の科学』（マシュー・サイド・著、有枝春・訳／ディスカヴァー・トゥエンティワン）によれば、失敗を「不名誉」と見なし、ビジネスで失敗することを極度におそれたり、ビジネス上の失敗に不寛容なところがあり、その筆頭国が日本であると言及されています。そして、そのために日本ではスタートアップが生まれにくく、それが長期にわたる日本の経済停滞を招いた一因である、と述べられています。日本におけるスタートアップ投資の消極性を裏づけるデータは本書で多く引用されていますが、２０１４年におけるある調査では、企業の失敗する恐怖心の強さは調査対象70か国中、日本がトップであったようです。

「失敗は成功のもと」あるいは「成功には失敗が欠かせない」といったサイエンスの世界の常識は、あらゆるビジネス・人・組織に共通して当てはまります。私たちはこうした考え方を取り入れて、失敗をおそれずに成功の糧として活用すべきです。

そして、組織の「心理的安全性」を確保することで、誰かの失敗を先人の知恵として組織全体で素早く共有し、失敗の再発防止や事業の成長に活かしていくことが大切となります。

例えば、航空業界では、失敗が起こるたびに状況を徹底的に調査してオープンに関係者間で共有し、原因を究明して次に活かすというサイクルが出来上がっていると言います。こうしたサイクルを「オープンループ」と呼んでいますが、まさにOODAループ思考のActからループさせることを指していると思います。

失敗原因の洗い出しは4Mに分けて考える

もし、失敗したと判定したら、その**原因を人（Man）、設備・システム（Machine）、プロセス・手順・方法（Method）、製品・原材料・コンテンツ（Material）の4Mに分けて考えます。**4Mは仕事をするために必要となる4要素ですから、それぞれの要素における問題点を考えることで原因を洗い出すことができます。

各要素のおける問題視点を決める

仕事の4Mの各要素において、問題点を探るための視点を考えて決めます。

計画の立案や実行においては、次のような切り口で考えます。

・対象の適切性
・タイミングの適切性
・能力の有無、過不足
・目的に対する内容の整合性、適切性
・目的に対する方法の整合性、適切性
・環境、条件の適切性
・その他イレギュラー事項の有無

●視点に基づいた原因の洗い出し

4Mの各要素の原因を、先の視点をもとに検討し、洗い出します。推測で考えるのではなく、実行結果の事実データに基づいて検討するようにします。データが足りない場合は、再現調査などを行い、あくまでも事実に基づいて原因を洗い出すようにしましょう。

●原因をまとめる

洗い出された原因において、関係性の深いものを集めて、原因間のつながりを整理し、失敗につながったロジックを読み

［4M分析と失敗の原因］

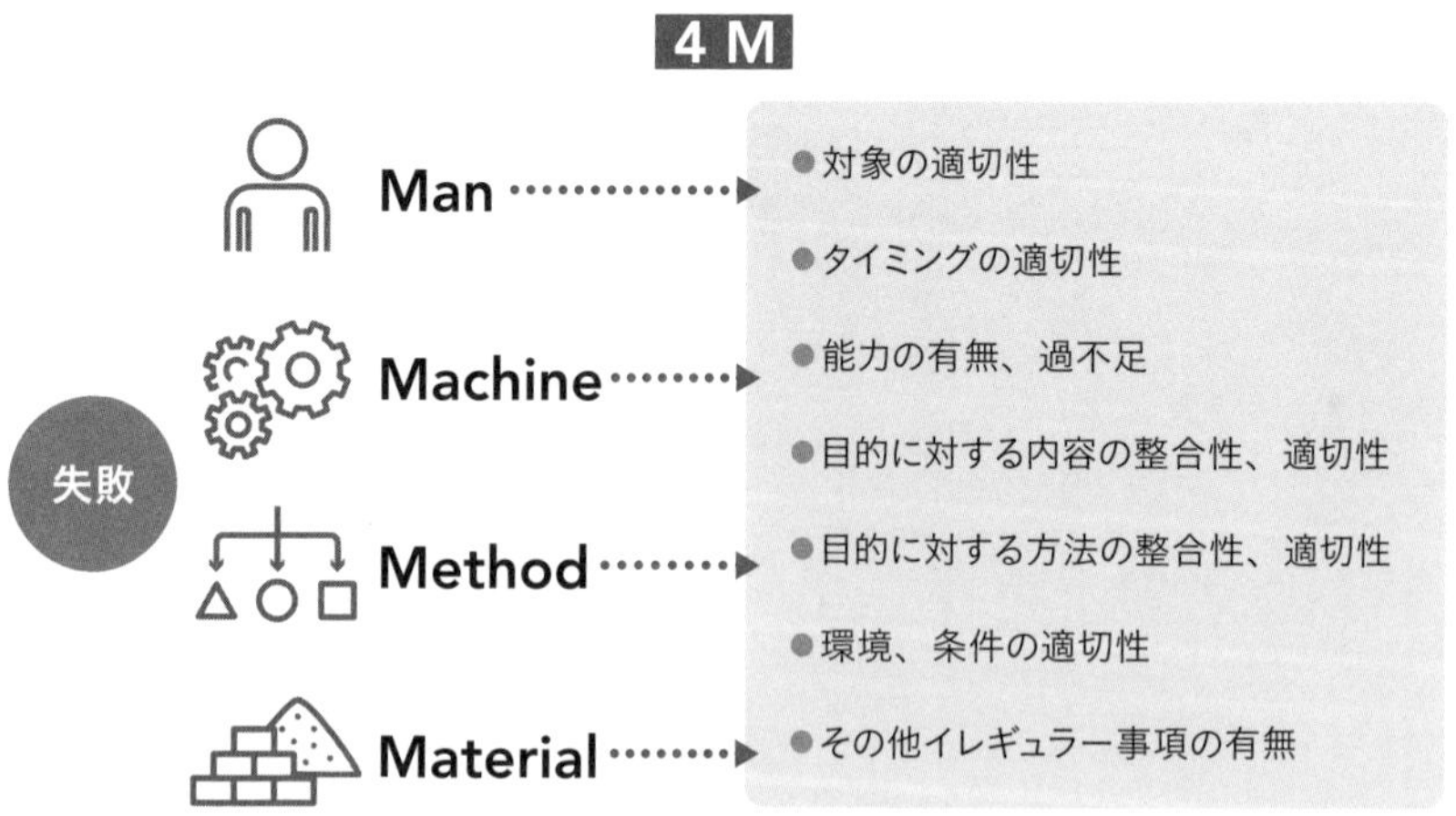

取って、重要要因としてまとめます。

▼新しい市場の形成に焦点を当てる「市場形成力」

なお、考察の際、常に新しい市場を意識していきたいものです。

経済産業省は、ビジネスを通じて持続可能な開発目標（ＳＤＧｓ）やカーボンニュートラル等に代表される社会課題を解決しようとする企業が、ステークホルダーと協力してルール形成（規制、規範、規格、その他基準・認証等）に取り組み、新しい市場を創出していく活動を支援しています。市場を創り、ビジネスを通じて社会課題を解決するために、企業が持つべき能力を「市場形成力」と定義し、２０２１年４月にその具体的な内容を指標としてとりまとめた「市場形成力指標」第一弾（Ver.1.0）を公表しました。その中には次のように書かれています。

「ＳＤＧｓやWell-beingといった社会的価値は、年々その価値を高めています。例えば、２０１７年に行った試算では、ＳＤＧｓ関連ビジネスの潜在的な市場規模は２４４９兆円であり、市場形成に成功すれば巨大なビジネスとなり得ます。

しかしながら、社会課題は、そもそも市場原理では解決されないために顕在化している課題であるため、単に解決するだけでは市場から必要な対価を得られず、ビジネスが成立しません。

こうした領域で持続的に事業を実施するには、**社会課題の解決が市場で価値として評価されるための仕組み作り（ルールメイキング）を行う必要があります**」

なお、経済産業省は、ルールメイキングを活用した社会課題解決型ビジネスの創出に取り組んでいる企業を調査し、市場形成を実現するために必要な潜在能力（市場形成力）の研究を行いました。その結果、市場形成力は、次の3つの能力から構成されることがわかりましたので、挙げておきます。

【アジェンダ構想力】

アジェンダ構想力は、新しい市場を形成するために必要な力であり、企業が将来の市場動向を予測し、その予測に基づいて新しい製品やサービス、ビジネスモデルを開発することが求められます。例えば、スマートフォンが登場した当初、多くの企業がその市場の成長を予測し、スマートフォンに特化したアプリや周辺機器を開発することで新しい市場を形成しました。また、近年のＩｏＴ技術の進歩により、自動運転車やスマートホームといった新しい市場が生まれつつあります。

【社会課題解決力】

社会課題解決力は、社会的な問題や課題を解決するためにビジネスを活用する力であり、企業が社会的なニーズを理解し、課題解決に向けた取り組みを行うことが求められます。例えば、環境問題を解決するためには、エコ製品の開発や省エネ技術の研究開発を行うことが必要です。また、貧困問題を解決するためには、社会的な貢献を目的とした事業を展開することが必要です。

さらに、近年では、ＳＤＧｓに基づいて、企業が社会課題解決に貢献することが求められています。

【ルール形成力】

ルール形成力は、市場を形成するために必要な力であり、企業が業界団体や自治体などの組織と協力し、法律や規制の制定に関与することが求められます。例えば、自動車業界においては、燃費基準や安全基準などが法律や規制によって定められており、これらの基準をクリアするために企業が研究開発を進めることが求められます。また、フィンテックにおいては、取引の透明性や顧客保護のための規制が重要であり、これらの規制に準拠することが求められます。

Act（実行）のポイント

自分の直感を信じて仮説を実行。全てを活かす考えで、成功するように振る舞う。

10

振り返る／Loop（改善活動）
フィードバックループの達人になる

「ザ・ゴール」のTOC理論

OODAループ思考を実践するにあたり、TOC※（制約条件の理論）のループについて理解しておくことをお勧めします。なぜなら、TOCの考えをOODAループ思考に導入することで、OODAを回すことの意義が理解でき、また、OODAを回すごとに最小の変化を加えることで短期間のうちに事業を推進することに自信が持てるようになっていくからです。

では、さっそくTOCについて見ていきます。

TOCを提唱したエリヤフ・ゴールドラット博士は組織を一本の鎖に例え、組織が目的や目標を達成するためには、組織に属する要素が生んだ結果の連携が必要不可欠であると説きました。つまり、組織が目的や目標をどこまで達成できるかは、ごく少数の弱い要素がどのような動きをするのかにかかっていると言うのです。

TOCは全体的なパフォーマンスの向上を妨げている弱い要素（以下、制約条件という）を特定し、

TOC
TOC（Theory of Constraints、制約条件の理論）は、製造業やサービス業において、生産や業務の効率性を高めるために用いられるマネジメント手法の一つ。TOCは、生産や業務において最も制約となる瓶頸（ボトルネック）と呼ばれる部分を特定し、その瓶頸を解消することで全体の効率性を向上させることを目的としている。

それについて集中して改善することで、全体の業績改善や向上が期待できるマネジメント手法として、『ザ・ゴール』（エリヤフ・ゴールドラット・著、三本木亮・訳／ダイヤモンド社）という世界的大ヒットの小説の中で紹介されています。

制約条件は、またの名を**ボトルネック**とも呼ばれています。

ＯＯＤＡを回しながらすべての制約条件について対策を打つのではなく、その制約条件の根本原因となっているごく少数の課題の対策を打つことで、最小の手間と時間で最大の改善効果を得られるようにするというのがＴＯＣ理論を介して伝えたいことです。

ＯＯＤＡを回す時にこのマネジメント手法を思考に取り入れて次のループを試行するのです。

戦法のこだわりは一切捨てて状況を見極め自在に戦う

ＴＯＣ理論は全ての課題（制約条件）に目を向けるのではなく、一番弱い部分に着目するとパフォーマンスが上がるという理論でした。

ＯＯＤＡを回しながら一番弱いところを見極めて勝負をつける、そんな発想で勝負事を実践していたと考えられるのが宮本武蔵です。

ＯＯＤＡを回す際は、完璧主義（戦法のこだわり）を捨て、状況を見極めるためにフィードバックを進めていかなければなりません。

戦場では、相手の制約条件となることは、自分に有利なところです。その見極めをするために

OODAを回してフィードバックをしていくというイメージです。

武蔵には、たった一人で100人規模の軍団に勝ったという伝説があります。吉岡道場の門下生との「一乗寺下り松の決闘」※です。

その時にとった武蔵の手段は次のようなものでした。武蔵は相手の一番弱い部分に集中して勝利を収めたのです。

●想定外の急襲

敵の将が子どもであることから、来る場所を見越し、待ち受けて急襲した。

「敵の将を討ち取ったら勝ち」という兵法にのっとって勝利。

この戦法は、織田信長が今川義元を破った「桶狭間の戦い」にも通じています。この時信長は2万5000人とも言われる今川軍を少数の軍で倒すために、本軍を急襲して将である義元を討つ作戦で勝利しました。

武蔵が信長の戦法を参考にしたか否かはわかりませんが、過去の戦法は研究し尽くしていたと想像します。宮本武蔵という人物は、勝つために「観察、状況判断、仮説構築と実行」に長けた人だったのでしょう。

OODAループ思考を個人レベルで無意識的に実行していた結果、連戦連勝、勝つべくして勝っていたのだと想像します。

一乗寺下り松の決闘
宮本武蔵は21歳の頃に、京都で天下の兵法者（吉岡一門とされる）と数度戦ったが全てに勝利した旨の記述がある。この内容は吉川英治・著『宮本武蔵』をはじめ多くの文芸作品の題材とされるなど、有名な決闘として知られている。

▼OODAループ思考を組織へ適用するために必要な組織文化

武蔵のように個人レベルでOODAループ思考を実行できるようになったら、組織においてもそれを運用したほうがさらにビジネスに効果が現れるでしょう。

組織で運用する場合には、あらかじめ組織文化の醸成が必要となります。私が以前勤めていたノバルティスファーマには、その組織文化がありました。

その理由は、常にイノベーションが生まれ続ける組織を目指して、Inspired, Curious, Unbossed（インスパイアード、キュリオス、アンボス）※の3つのキーワードをベースにしたカルチャーの醸成に取り組んでいたからです。

現場レベルで判断を迅速に行うための環境を会社が整えていてくれたおかげで、社員レベルでOODAループ思考を実行するかのような仕事のスピード感が生まれていました。

そのような経験から、組織にOODAループ思考を導入する場合の留意点は次の3つだと考えます。

●社員間の信頼を醸成する

相互信頼の意味するところは、組織の一体感、結束力、統一性で、組織の構成員の集まりをチームとして生まれ変わらせる組織の調和です。

※Inspired, Curious, Unbossed
イノベーションの創出、患者への貢献を目的に社員の働き方を変革し、一人一人がベストパフォーマンスを発揮するため、ノバルティスファーマで全世界的に大切にされているカルチャー。

特に重要なのは、従業員と経営者の間の信頼関係です。人は心理的安全性の担保された信頼感のある雰囲気の中でこそ自発的に動こうとするからです。

●**直観的能力を活用する**

直観的能力とは、断片的で混沌《こんとん》とした出来事の中から、迅速に洞察（物事の本質を見抜く）を引き出すことを可能にする能力です。

直観的能力は前提条件として、基本スキルを徹底的に学び、体に覚えこませることと経験による学習が必要です。そのため、人材を育成するには経営層の長期のコミットメントが必要となります。

●**会社のビジョン共有を徹底する**

ビジョンを社員間で共有し、毎年のミッション達成のために上司と部下が定期的に話し合ってフォローし合う関係を構築します。

ミッションの遂行に関しては、現場の主導性と部下の自主性を高めておく必要があります。定期的な１ｏｎ１を推奨し、部下から状況に関する迅速なフィードバックが実行される環境を整備してください。

ＯＯＤＡループ思考については、個人やスタートアップ企業などの小規模な組織に関しては有効であるが大規模企業には適さない、といった批判もありますが、それも誤解と言えます。

ソーシャルメディアやビッグデータ、ＡＩなどの急激な発達は、ＯＯＤＡループ思考の可能性を大きく引き上げました。それはリアルタイムに多くのデータを収集し、直観的能力をアルゴリズムに組み込み、即座に判断し行動に移すことが可能になったからです。

ＯＯＤＡループ思考を有効に活用し、変革のスピードを高め、競争優位を築くことで、企業の成長を実現していただけたらと思います。

Loop（改善活動）のポイント

実行の結果わかったことを（差分として）必要に応じてObserve（観察）やOrient（状況判断）に戻し、Decide（意思決定）の情報として確実にフィードバックする。

11 OODAループ思考とリーンスタートアップを組み合わせる

お金をかけずに素早く事業を立ち上げるリーンスタートアップ

リーンスタートアップは、無数のベンチャーが生まれているシリコンバレーにおいて、起業の成功率を上げるための方法として支持されている手法です。

２０２３年現在、ウィズコロナの世界の状況を観察し、自分の世界観や製品観をきちんと認識した上で、あなたのビジネスアイデアを実行するための仮説を立て、それを検証するという、アウトプットとインプットを繰り返すやり方は、ＯＯＤＡループ思考に近いものがあります。

ここで重要なのはまず「やってみる」ということ。もちろん、ここで言う「やってみる」は、頭の中が空っぽの状態で後先を考えずにとりあえず「やってみる」という意味ではありません。「戦略的に試行錯誤する」という意味です。

リーンスタートアップでは、必要最低限の価値機能を備えたＭＶＰ（Minimum Viable Product）を準備したのち、早期に顧客に提供することで反応を分析し、改善点の見直しにより良質な製品やサービスを開発します。

これは、1979年生まれのアメリカの起業家エリック・リースが、紆余《うよ》曲折の末にインターネットのコミュニケーションサイトの運営スタートアップを起業した経験から提唱しました。リーンスタートアップは、ビジネスシーンで大きなムーブメントを起こし、今でも世界中のスタートアップ企業や個人が実践しています。

代表的なものでは世界ではInstagramやYouTubeが、日本では「食べログ」などがその例として紹介されています。

ちなみに、投資家の中にはビジネスプランではなく、**「デモ」**※のみを見て決定するという人もいます。

投資家は常に未来の利益を見ています。

SNSやコミュニティでのつながりをきっかけとして「デモ」に投資家を招くことができたらチャンス到来です。投資については、もちろん、ビジネスモデルやテクノロジーも重要なのですが、最終的には起業家のパッションや信用に基づいて実行されるものです。この事業をどうしても自分がやらなければならないというくらいの熱意とロジックが通っていることに加え、「デモ」の成果が投資判断を左右するのです。MVPを作って、そこまでたどり着いていることが最低限必要なのです。

シリコンバレーで最も尊敬されるエンジェル投資家のロン・コンウェイは年間に50社投資するために、毎日5社、1週間に25社のペースで「デモ」を見たそうです。

※デモ
スタートアップが提供する製品やサービスの魅力や機能を視覚的に伝えるプレゼンテーション。

つまり**年間1300社の「デモ」をチェック**して投資に踏み切っているのです。「デモ」ができることが投資を受ける最低条件というわけです。

最初の試作品となるMVPを素早く手にするというのが、スピード勝負のスタートアップの世界では重要なことなのです。

世界では無数に湧いてくる小型・高速スタートアップ。早ければ数年で時価総額が1000億円を突破するユニコーンスタートアップというのも珍しくはありません。様子を見ているうちに、ライバルは追いつけないほどのスピードで進んでいきます。エネルギッシュな人種の業界です。

今後、AI技術がより広く、一般の人々や中小企業などの間で開発および活用されるなど、AIが民主化することで、特にリーンスタートアップのスピードも加速していくことでしょう。

▼リーンスタートアップの手順

リーンスタートアップは、基本的に次の4つのステップで行います。この手順を高速で回し、フィードバックを繰り返すの

［MVPとは？］

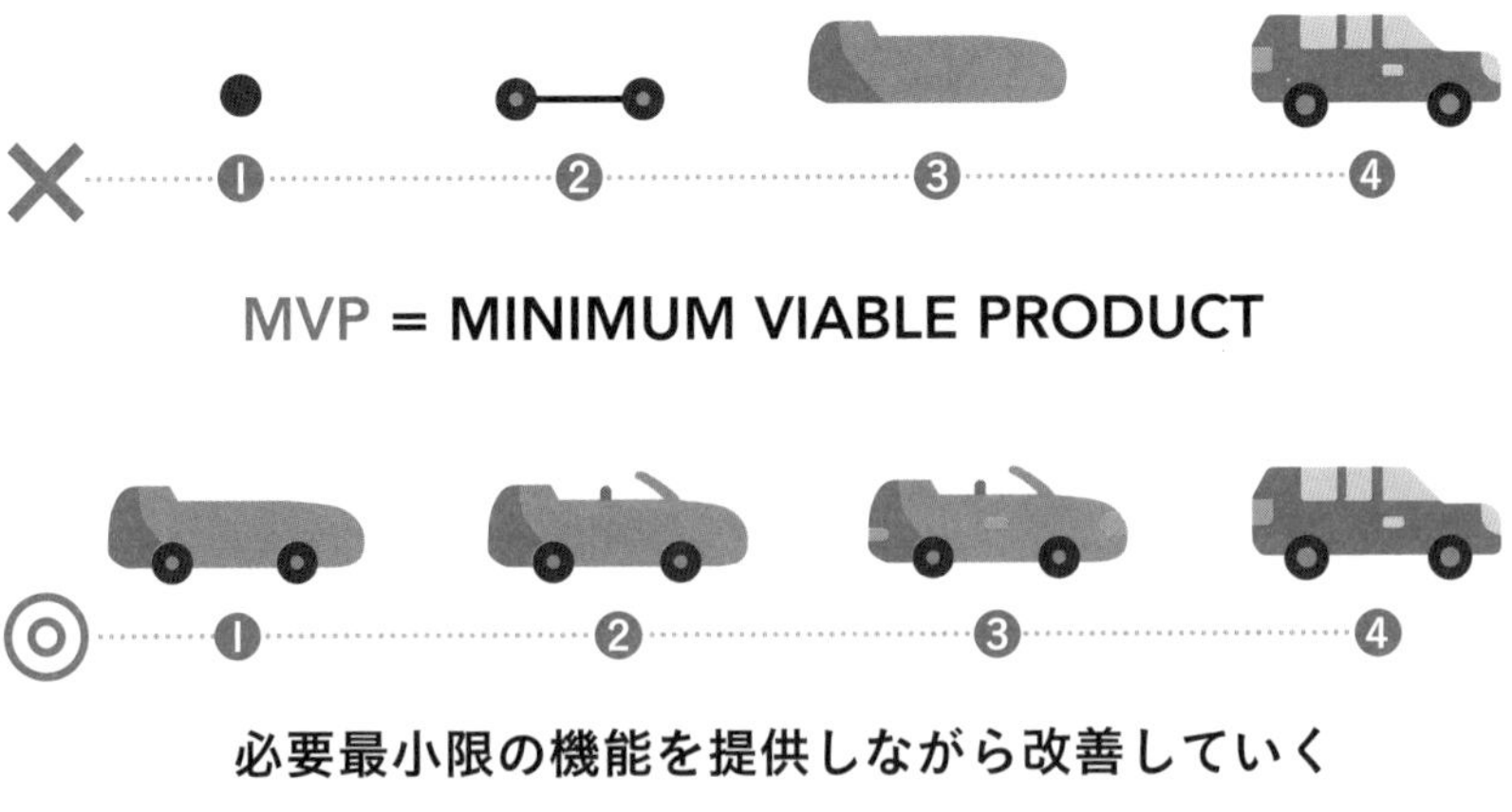

MVP = MINIMUM VIABLE PRODUCT
必要最小限の機能を提供しながら改善していく

を基本とします。

1. **仮説構築**
製品やサービスが顧客のニーズを満たせるか仮説を立てて、仮説を満たす最小限の実用製品（MVP）を作る

2. **仮説実証実験**
MVPを顧客に提供し、反応を確かめる

3. **情報収集、学習**
反応を基に製品の改良を繰り返す。

4. **仮説再構築**
どうしてもうまくいかない場合は、ピボットするか、できるだけ早い段階で仮説構築からやり直す。

では、それぞれを詳しく見ていきましょう。

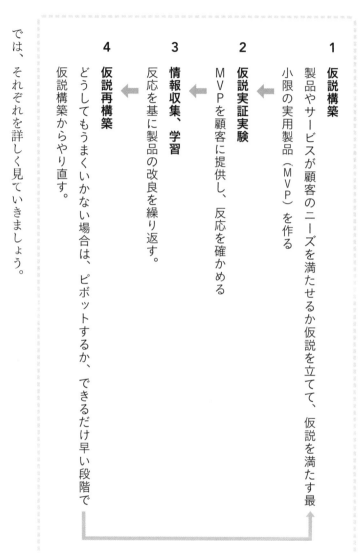

●ステップ1　仮説構築

リーンスタートアップの鍵を握るのが「仮説構築」です。リーンスタートアップでは、一般的な情報で構成された「リーンキャンバス」と最低限の製品だけを作り出すMVPの2つを用いて仮説を構築していきます。リーンスタートアップで特徴的なものが先にも紹介したMVPです。くり返しになりますが、MVPは「必要最小限の価値を備えた製品やサービス」のことを指します。

スタートアップでは実際の事業が開始されていないことがほとんどのため、仮説がうまくいくかどうかはわかりません。そのため、最初から全力投球するのではなく、まずはMVPで顧客の反応を計測することがリーンスタートアップの重要な戦略になります。

●ステップ2　計測・実験

実際に商品を作り、市場の反応を見ていきます。この時にポイントとなるのが、全力で商品を作ったりキャンペーンを適用したりするのではなく、あくまでもMVPのレベルで計測・実験を行うことです。MVPであれば制作費用も少なく済むことに加え、うまくいかなかった場合の修正も容易です。できる限り無駄を省いたMVPを市場に投入することで顧客の反応を観察し、データを集めていきます。

●ステップ3　学習

計測・実験のデータを基にMVPに改善を加え、よりよいビジネスモデルを作り上げていきます。顧客の反応が悪かった場合にはその原因を突き止め、製品やサービスの改善を図っていきます。また、マネジメント手法やキャンペーン方法など、うまくいかなかった箇所を突き止めるとともに、改善方法を模索していきます。

●ステップ4　再構築

ある程度の微調整であれば上記のステップで対応できますが、場合によっては製品やサービスを大幅に変更する必要性が生じることがあります。リーンスタートアップではこの大幅な修正をモデルの一つに取り入れており、うまくいかなかった時にはいったん戻って「再構築」することを推奨しています。

▼うまくいかない場合はピボットする

ステップ４で再構築する場合は、事業の進展度は大きく後退します。しかし、ＭＶＰのおかげで出費は少なく済みますし、これまでに得られた情報を全面的に活かして再構築できるため、初期よりも優れた製品・サービスを製作することができます。時にはピボット（PIVOT、方向転換や路線変更）をすることも大切です。時間とコストの関係から起業家はピボットを避けようとしがちですが、ピボットは決して悪いことではありません。

私はむしろピボットを簡単にできる起業家はすごいと思います。起業家としての重要な資質の一つがこういう柔軟性です。

なぜならスタートアップは一直線で成長できるほど甘いものではないからです。当初の計画から舵を切る行為自体は勇気のいることです。ただ、的確な判断力があれば高いプライドがあろうがあるまいが、へこたれずに平然とピボットするのです。「急がば回れ（Haste makes waste）」と言う言葉もあります。

仮説自体を作り変え、製品・サービスの方向性を転換することで、成功する可能性を高めるぐらいの気持ちを持ちましょう。

ピボットの成功事例として上げられるのが「Instagram」です。

写真共有アプリ「Instagram」は、前身の位置情報アプリ「Burbn（バーブン）」をピボットした結果、完成したサービスとして知られています。

当初、「Burbn」には位置情報や写真投稿など、さまざまな機能がありましたが、他のアプリとの差別化ができておらず、何よりも反応速度が遅かったのです。

ユーザーも定着していませんでした。そこで数名の固定ユーザーに着目してみると、画像共有機能をメインに利用していることに気づきました。当初、位置情報アプリに写真機能があった「Burbn」から、写真機能の中に位置情報を加えた写真共有アプリを開発することにしました。この決断がピボットです。

機能も、「撮影」、「加工」、「共有」に絞り、ユーザビリティもシンプルにしました。この改良はたったの8週間だったということです。こうして、写真機能に特化させた結果、現在の「Instagram」となり、世界的に普及しました。

▼リーンスタートアップはOODAのDA

ここまで読んで気づいた人もいるかもしれませんが、実は、「リーンスタートアップ」はOODAループ思考のDecide（意思決定）とAct（行動）そのものであると言われています。

ですから、OODAループ思考とリーンスタートアップを組み合わせることもできるわけです。

OODAループ思考とリーンスタートアップを組み合わせるとよい点としては、3つあります。

①観察によるリスクマネジメントを取り入れる（＝OODAループ思考の観察）

②起業家本人の世界観で課題に向き合い、腹落ちして迅速な「意思決定」および「実行」を行う（＝OODAループ思考の状況判断、意思決定、実行）

③市場フィードバックの取得とビジネスモデルの改善を両立させることができるようになる（＝リーンスタートアップ）

つまり、迅速に製品やサービスを開発し、市場に投入することができ、市場からのフィードバックを受け取り、ビジネスモデルを改善することができるようになります。

Chapter1で創出したあなたのビジネスアイデアを、ぜひOODAループ思考をベースに「リーンスタートアップ」の手法を取り入れて磨き、育て、ビジネスモデルの改善につなげてみてください。

Chapter 3

ビジネスとしてテイクオフさせるための必須スキル

01

考えながら行動する「アジャイル型人間」になる

▼考え込むよりもまずは行動を優先させる

スタートアップを考える際に、事業計画を立案し、行動に移すという順番にこだわりを持っている人がいます。それは起業の仕方などの教科書の多くが、事業計画をしっかりと立てることの重要性を説いているからです。

大多数の人は本に書かれている順番でやることが正解のように思うかもしれませんが、実際は**準備万端、事業計画書を立案してから行動するという順番にはこだわらないほうがスタートアップはうまくいきます。**

例えば、Aさんは事業計画書を作成するぞと気合を入れて、1日中机にしがみついて理想を追い求めてじっくり完成させるタイプ。一方でBさんは、ペルソナにインタビューを実施して、その情報を基に事業計画書を修正しながら作成していくタイプだとしましょう。生産的で効率がよいのはもちろんBさんです。

机上でWeb情報やあなたの脳内情報を頼りにして事業計画書を完成させることに固執するよ

りも、顧客から入ってくる情報を基に、マーケティングをしながら事業計画を修正していくやり方のほうがビジネスに直結する事業計画書はできます。なぜなら、**行動することではじめて入ってくる情報が多々あるからです。**

これは多くの人が必ず経験することと思いますが、スタートアップを目指す過程では計画しても実行に移してみたら計画通りにはいかないことがほとんど。スタートアップを目指すなら、「いろいろ考え込むよりもまずは行動」なのです。

▼「アジャイル型人間」になるための3つの行動習慣

また、私はスタートアップを目指す人は、**アジャイル型人間**になるべきだとも考えています。

アジャイルとは「素早い」「俊敏な」という意味です。これは主に開発手法の名称として使われている言葉で、具体的には「設計」「開発」「テスト」「改善」などの工程を短いスパンで複数回実行する開発スタイルを指し、問題の早期発見や改善によってリスクを最小化することができます。最近は、組織にこの意味をあてはめて、アジャイル型組織を目指す企業が増えてきています。

アジャイル型組織は柔軟性や俊敏性の高い組織構造で、計画重視ではなく、実行しながら改善を加えていく点に特徴があります。

改善を前提としているため意思決定のスピードが速く、トップダウンではなく現場に一定の権限を与えることができます。

スタートアップを目指すのであれば、そのような感性を持って行動して欲しい。そのため私は、アジャイルな仕事の仕方を実践する人を「アジャイル型人間」と呼んでいるのです。

「アジャイル型人間」になるための行動習慣としては次の3つがあります。

●行動習慣1　とにかくやってみる

立ち止まることなく、まずは着手してみます。

そうすることで経験値が稼げます。わざわざ周囲の人に許可を得る必要はなく、コンプライアンス違反にならない程度に自分がコントロールできる範囲で仮説立案と検証を繰り返してみるのです。手探りを恐れずに飛び込んでみてください。

●行動習慣2　「いいね」を口癖にする

人は「いいね」と言われると気分がよいものです。人には他人から認められたいという承認欲求があります。褒められたり、同調されると人は気持ちがよいのです。「いいね」を口癖にすると、あなたのファンが自然と増えます。

アジャイルで物事を進めるには周囲を巻き込む力が必要です。

「あいつがやるんだから協力してみるか」と言われるような人になれたらベストです。日頃から承認の合図「いいね」を人に伝えてみてください。

●行動習慣3　完璧を目指さない

世の中に完璧や１００％があったら気持ちが悪いという感性を持ってください。

世の中そう甘くはありません。自ら完璧であらねばならないというプレッシャーの壁を作ってしまうと、自分の能力が発揮できなくなってしまいます（少なくとも私も含め周りの人はそのようです）。また、心のブレーキがかかっている状態では素早く動けません。

だからこそ、最初から完璧なんて目指すのはやめたほうがよいのです。

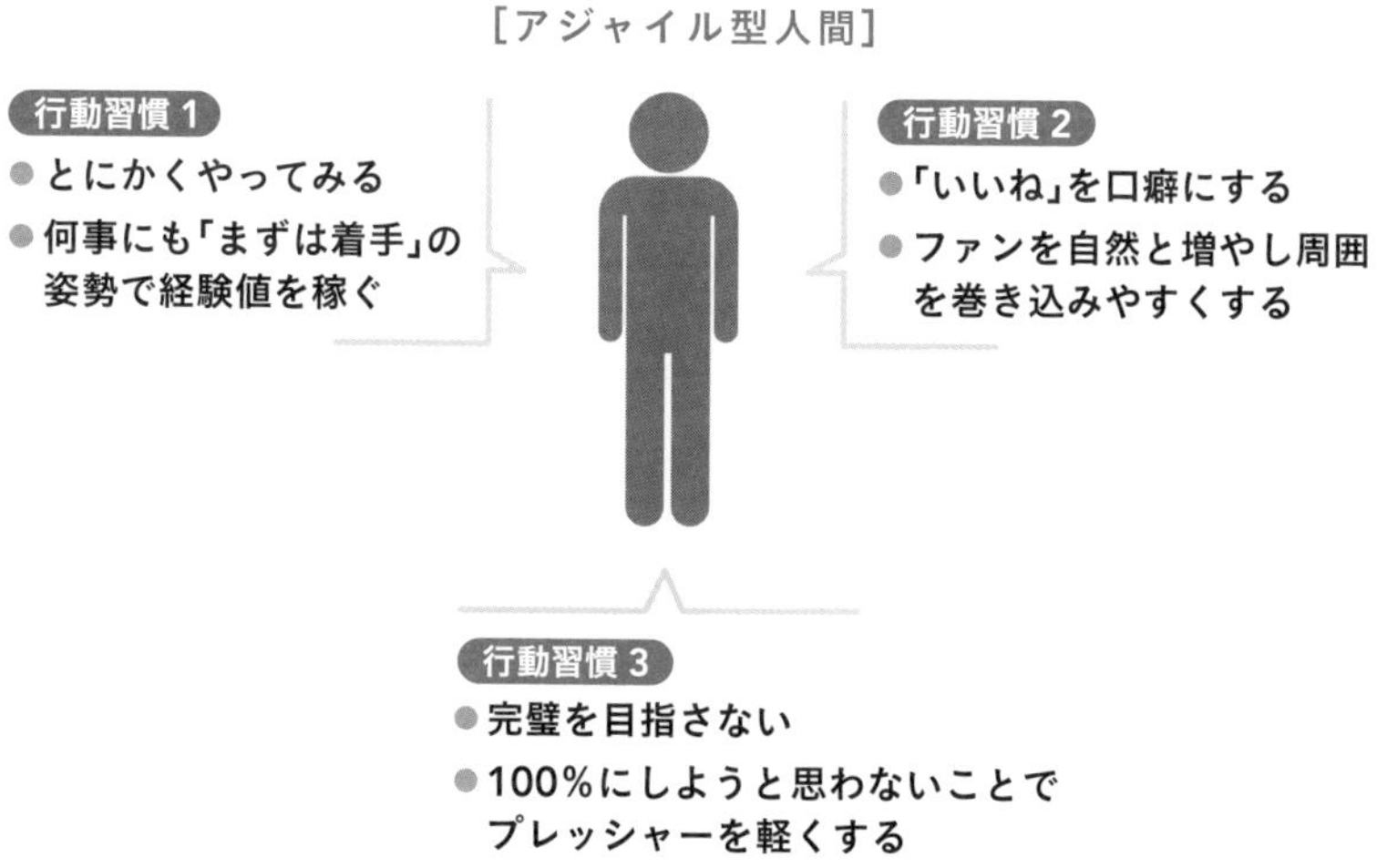
［アジャイル型人間］
行動習慣１
●とにかくやってみる
●何事にも「まずは着手」の姿勢で経験値を稼ぐ
行動習慣２
●「いいね」を口癖にする
●ファンを自然と増やし周囲を巻き込みやすくする
行動習慣３
●完璧を目指さない
●100％にしようと思わないことでプレッシャーを軽くする

02

妥協はしてもあきらめてはいけない

▼あきらめない心とは

スタートアップのビジネスはスタートしてからアップするまでさまざまな困難に直面するものです。そのたびに頭をよぎるのが「妥協」「あきらめ」といった言葉です。「妥協」と「あきらめ」は似て非なるものです。

「妥協」は双方が対立した際に歩み寄って解決することであり、建設的に前進することを意味します。よって、ビジネスを進める以上、妥協という行為は必要であり、日常的にあるものです。一方、「あきらめ」というのは途中で放棄することを意味します。ですから失敗も成功もしていない状態でビジネスを終わらせるというもったいない状態を作り出します。

スタートアップに限らず、何かを始めようと決める際の心構えとして**あきらめない心**を持つのは定石です。例えば、発明王エジソンは「人生における失敗者の多くは、あきらめた時にどれだけ成功に近づいていたかに気づかなかった人たちである。失敗すればするほど、われわれは成功に近づいている」と述べています。

先にも紹介したようにスタートアップの世界では**ピボット**という「方向転換」や「路線変更」を指す言葉がありますが、**エジソンはピボットの天才だった**のかもしれません。

あきらめた時点で当初考えていたビジネスの成功は消えてしまいます。成功するにはあきらめない心を持ち続けることが最も大事なことなのです。

誰になんと言われようと踏ん張る。自分がやりたいことなのだから自分が責任をもって頑張る。うまくいかない状態になったとしても、それを放棄せずに数年間寝かせておいて、ずっと考え続けるというやり方もあります。蝋燭《ろうそく》の灯火の如く静かに考え続けると、潜水艦のようにそのビジネスアイデアが浮上してくることもあるのです。たとえ周りからそれは失敗だと思われても、本人が失敗と思わずに、むしろ糧にして成功に向けて走り始めればよいのです。

誰でもあきらめない心を最初から持っているわけではないので、その心を持つためのよい方法を知っておくことも大事です。その方法とはChapter1のビジネスアイデアを導くプロ

【あきらめない人の特徴】

1 **叶えたい夢や目標をしっかり持っている**

2 **自分なら必ずできると信じている**

3 **つらい状況も成長できると前向きに捉えている**

4 **負けず嫌いで何事も最後まできっちりとやり遂げる**

5 **一つのことをやり遂げた成功体験を持っている**

6 **集中力があり、一つのことに没頭できる**

7 **弱音や不満などのネガティブな言葉は口にしない**

セスでご紹介した「内省によりあなたの夢や目標を具体化すること」です。加えて、「アジャイル型人間」として行動しながら小さな成功体験を積み重ね、常に前向きでポジティブ思考でいることがあきらめない心を持つためのコツと言えるでしょう。

「あきらめる」ことにはメリットもある

とはいえ、何事にも両面があるように、「あきらめる」ことについてもメリットはあります。本書では「あきらめない心」を持って事物に当たっていくということをお勧めしますが、私は完璧主義者ではないので、スタートアップを目指す人にはあきらめることのメリットも知っておいて欲しいと思っています。

「あきらめる」ことに関するメリットには、精神的な安心感が得られるということがあります。「あきらめる」ことは、いわば投資の世界の「損切り」に近い発想です。期限を決め、出口イメージをしっかりと持ち、撤退基準を作っておくのです。

人間には寿命があります。また、途中で病気や事故で予定していた通りにいかなくなるということもあるでしょう。人生にはあらがえない運命というものもあるのです。どうしても自分の力では解決できない健康、時間、お金などの問題に対しては撤退基準をあらかじめ決めておき、その通りに誠実に実行しましょう。それは「あきらめる」ことを選んだのではなく、あらかじめ自分が決めていたシナリオ通りに実行する、前進のためのプロセスです。

【あきらめない心を支えてくれる名言】

●事業というものは成功するようになっている（松下幸之助）

●自分に打ち勝つことが、最も偉大な勝利である（プラトン）

●壁というのは、できる人にしかやってこない。
超えられる可能性がある人にしかやってこない。
だから、壁がある時はチャンスだと思っている（イチロー）

●できると思えばできる、できないと思えばできない。
これは揺るぎない絶対的な法則である（パブロ・ピカソ）

●あなたの時間は限られている。
だから他人の人生を生きたりして無駄に過ごしてはいけない（スティーブ・ジョブズ）

●人生は君自身が決意し、貫くしかないんだよ（岡本太郎）

03

社会課題の解決型のスタートアップはパブリックアフェアーズに注力する

▼小さな成功体験を積み重ねる

「ロボットスーツを着て街を歩く」

これは私がCYBERDYNE時代に初代営業部長として社会にインパクトを与えつつ、商品のイメージが傷付かないようなアピール方法はないかと模索していた時に思いついたアイデアでした。

この時、ちょうど生活支援ロボットをバックアップするプロジェクト（生活支援ロボット実用化プロジェクト：２００９年度から２０１３年度まで実施）を経済産業省とＮＥＤＯ（国立研究開発法人新エネルギー・産業技術総合開発機構）が始めることを周知するイベントが予定されていました。当時CYBERDYNEは、生活支援ロボット推進企業の代表格企業として認知されており、また、ロボットスーツを装着して歩くというＰＲは、いよいよロボットが生活の中に溶け込む時代が来るぞというイメージ作りにピッタリでもありました。そのためＮＥＤＯのスタッフもこの計画を喜び、楽しみにしてくれました。現在は、人を支援する装着型のロボットがいくつも世に誕生しているので身近に感じられるかと思いますが、今から13年前（２０１０年）は想像すらできない出

黒ずくめの3人が白いロボットスーツを装着して歩く姿は人の目をうばった（中央が筆者）

来事でした。

茨城県つくば市にあるCYBERDYNE本社からロボットを装着して、ＴＸ（つくばエクスプレス）に乗車し、ＪＲ秋葉原駅に到着。事前に駅員さんには連絡していなかったのでびっくりさせてしまったかと思いますが、みなさん笑顔で手を振ってくれました。

そのまま秋葉原から経済産業省までロボットスーツを装着した3人が歩きました。マスコミ数十社を引き連れての行脚。この時の様子は今でもYouTubeで見ることができます。とにかく、全てが初めてのことですから何が起きるかわかりません。結果的に当時YouTube動画には世界中からアクセスがあり、10万以上のビューを稼ぐことができました。

ロボットスーツを装着して外を歩くことは、（営業部では）実はその時まで一度もやったことがありませんでした。

私たちは事前に（何度も）関係者と動線確認を行い、よい結果を繰り返しイメージしていました。このような成功体験を当時持てたことは、その後のプレゼンテーションの自信につながりましたし、この経験ができたことで、どんな場面でも物おじせずに果敢に挑戦できました。

こうした体験から私は、**どんな小さなことでもよいので、成功体験を積み上げていくことは、成功するイメージの精度を上げる**と考えています。

▼パブリックアフェアーズに注力せよ

このような取り組みを実現させるには、**パブリックアフェアーズに注力する**必要があります。パブリックアフェアーズとは、政府・自治体や業界団体、ＮＰＯとの良好な関係を築いて未来開拓を行う活動です。特に、イノベーティブな活動は規制緩和や新たなルール作りを必要とします。具体的には、公共政策に影響を与える「ロビイング活動」や、都道府県、市町村、大学などとの産学官連携を通して、イノベーションを支えるそれぞれのステークホルダーたちを巻き込んでいくことになります。

関係する適切なパートナーを早期に巻き込むことは、大きな変革やゲームチェンジをより確実に起こすことにつながります。そのため米国ではロビイング活動が当たり前のように展開されていて、ロビイング活動をしていないと本気度が足りないと思われてしまうほどです。この辺りのがむしゃらさはまだまだ日本には浸透していないので、ロビイング文化を奨励していく必要があると私は感じています。

世界中には行政機関を上手に活用することで成功を収めたスタートアップ企業が多数存在します。例えば、シリコンバレーにあるスタートアップ企業の多くは、地元の行政機関と協力して、新しいビジネスの形を生み出し、成長しています。

また、日本においても、2022年に岸田政権がスタートアップ育成5か年計画を発信するなど、政府機関や自治体がスタートアップ企業を支援する取り組みが今後手厚く進められます。有名なスタートアップ関連のイベントには、東京都が実施している「Tokyo Startup Gateway」や、神戸市が実施している「神戸市分野特化型インキュベーション事業」などの取り組みが挙げられます。その他、スタートアップ都市を宣言している福岡市や浜松市の取り組みなども有名です。

今はSDGsやESGなど、環境や人権など、世の中の社会課題に対しての意識が高まることで、各社とも新たな対応が迫られる時代になりました。

ここに対しても社会を構成する一企業としてどのように活動をするべきなのかを分析し、対処する必要が出てきています。まさに公共イメージがその企業のイメージに重なってくる時代になってきていると言えるでしょう。つまり、**パブリックアフェアーズに注力することは社会から選ばれる会社となることでもある**のです。

行政機関を巻き込む具体的な方法は次の項目で紹介します。

04 スタートアップは自己利益より利他を考えよ

▼社会課題解決というソーシャル視点

前項のCYBERDYNEもそうですが、近年では政府や大企業では手の届かない社会課題を解決するようなソーシャル視点を持ったスタートアップが増えています。このような**事業を通じて、経済的な価値・リターンの追求と社会的な価値の追求を同時に行うスタートアップを広く社会課題解決型スタートアップ**と呼んでいます。これらは強い想いがあってスタートしているビジネスがほとんどです。また、世界的にＳＤＧｓ、ＥＳＧが広がっている観点から、社会課題解決型が注目を集めやすいというのも事実です。

収益モデルの構築と社会課題の解決の両立を目指して事業を行っている企業は、寄付金や会費で年度単位の事業を運営するＮＰＯなどと違い、株式会社という形態になっていることが多いです。両立が難しい事業を形にし、大型の資金調達、ＩＰＯ※を果たすなど、急成長しているスタートアップも多く登場しています。社会課題解決型スタートアップは今後、チャレンジしてみる価値のある分野だと言えるでしょう。

IPO
IPOとは、Initial Public Offeringの略語で、日本語では「新規公開株」や「新規上場株式」と表す。具体的には、株を投資家に売り出して、証券取引所に上場し、誰でも株取引ができるようにすることをIPOと言う。

グローバル化が進み、インターネットでつながった現代社会は一つの地縁社会です。利他を考慮した取り組みがこの「宇宙船地球号※」で始まっていると感じます。

これまで資本主義がたどってきた、単に利益を追求するような独りよがりの自己利益にフォーカスするビジネスはもう古い。自分さえよければという考えではなく、関係者の利益に配慮しながらこれからの経済社会を動かし、サステナブルに変革する時代を目指す若者が増えているのを実感します。利他は今後のビジネスの重要なキーワードになるでしょう。

利他にフォーカスして事業を展開している企業としてはアウトドア用品のパタゴニアがあります。彼らは生まれた利益は地域に還元することを明言し、株主の利益の追求のみならず従業員や地域の住民といったステークホルダーの利益など、社会的課題の追求もミッションとする企業形態で、ベンチャーキャピタルからも資金調達しています。

▼官民連携の交渉術

スタートアップの取り組みは既得権益にメスを入れて新しい市場を作る必要があるものや、規制緩和によって初めてチャレンジできる事業モデルも少なくありません。そこで必要となるのが**官民連携**です。

例えば、電動キックボードを使った短距離移動のためのシェアリング事業で知られるLuupという企業が、そのサービスを実用化するまでには官民連携の対話がありました。なぜなら、電動

宇宙船地球号
地球上の資源の有限性や、資源の適切な使用について語るため、地球を閉じた宇宙船にたとえて使う言葉。バックミンスター・フラーが提唱した概念・世界観。

ポートも拡大中で、スマホで手軽に電動キックボードや電動アシスト自転車が利用できる

キックボードを公道で走らせるためには、地方の警察や中央の警察庁、自治体や各省庁と対話を重ねてルール整備を行ってもらう必要があったからです。

Luupの岡井大輝社長は利他の心で行政と交渉しました。

岡井社長が目指していたのは、電動キックボードを街中で走らせることではなく、駅と駅から離れたところをつなぐこと。どこに住んでいても駅前であるかのような街づくりがこれからの日本には必要だと考えていたのです。そのために選択したのが小型モビリティの電動キックボードだったわけです。事業化を目指した２０１０年台後半、国内ではセグウェイに代表される次世代パーソナルモビリティの実用化の流れがありましたが、公共交通インフラとしてのイノベーションには至っていませんでした。

プロダクトがまずあってのビジネスモデルよりも、どんな社会を目指すのか、その利他の心から始めることで適切なルール整備につなげたのがLuupでした。Luupは「街じゅうを〝駅前化〟するインフラを作る」をミッションに、「新しいモビリティによるシェアサービスの実証」を官民連携でやり遂げたというわけです。

行政機関に声をかけるタイミング

社会課題の多くは、企業の力だけでは解決が難しいものです。

スタートアップとして社会課題解決にチャレンジするなら、その課題を共通の課題として抱えている地方自治体（県や市町村の基礎自治体）と一緒に解決するほうがリソースも増え、インパクトある課題解決のためのプロジェクトを共に作れる可能性があります。

自治体と企業の強みとニーズ、双方の利益を考えて官民連携の計画を提案しましょう。その時に大事な視点は、利他の心でよい前例を共に作ろうと呼びかけることです。「未来に向かって、持続可能な発展のために、日本で初めて取り組むことに協力して欲しい」と熱意を持って呼びかけるのです。それにはタイミングも大事になってきます。**行政に声をかけるタイミングには主に2つあります。それは予算編成の時期と人事異動の時期です。**

予算編成の時期については、ご存知の通り行政は単年度予算主義（4月から翌年の3月の12か月を1年度とする）で回っています。県の翌年度予算は新年度の6月頃になってから編成作業が始まり、翌年の春の議会で決めます。当該年度の補正予算（予算の余りをどう使うか）は主に国から調整が始まります。夏ぐらいから省庁で調整が始まり、年末には補正予算が組まれます。

ですから動くとしたら、**3月から5月くらいの間に新旧の人事で知り合いを増やし、具体的に話をするのは4月以降。あまり待つ必要はなく、先手先手で攻めることが肝心です。**なお、地方の補正予算は額が少ないのであまり期待できません。

また、人事異動の時期については、地方は3月から4月、国は主に7月です。従って、新しいコネクション探しは人事異動のある月の前後の月を重点的に回れば、新旧交代で両方の人脈を得ることができます。

特に行政の場合、前任者からの引き継ぎがあるので、前任者を知っておくと有利になることもあります。新規事業となると、知事や副知事といったハイレベル層からのトップダウンが効果的です。現場レベルの職員の間でキーパーソン探しをやりつつ、トップに近い人脈へのアプローチを視野に活動することをお勧めします。

05 常に最先端でいるためのネットワークの作り方

▼コミュニティの力を取り込む

創業期に誰もがぶつかる壁があります。

それは、起業をした後、一緒に働く仲間を見つけることができない、資金が足りない、などのリソース（資源）不足という壁です。では、そのようなリソースをどのように獲得していけばよいのでしょうか。

それを解決する一つの手段が**積極的にコミュニティに帰属してコミュニティの力を取り込む**ことです。ようは、他人を巻き込み、周囲のリソースを積極的に利用していくのです。

スタートアップ業界で世界的に有名なコミュニティとしては、米国マサチューセッツ州ケンブリッジ市に本部のある「ケンブリッジ・イノベーション・センター（CIC）」や、シリコンバレーのサニーベールに本拠地を置く「プラグ・アンド・プレイ（Plug & Play）」があります。初めて聞くという人はぜひインターネットで検索してみてください。これらのコミュニティからはさまざまな成功者が誕生していますし、日本にもこれら外国のコミュニティが日本支部として上陸し、活動を始めています。また、日本独自の動きとしては、インターネット・モバイル関連事業を広く展開するデジタルガレージなどが先駆けとなり、スタートアップのアクセラレーションプログラム※を運営するためのコミュニティを形成してきています。

これらコミュニティはスタートアップ創業初期の事業立ち上げを加速する役割を担っていて、アクセラレーターとも呼ばれます。日本には１００以上もアクセラレーターが存在すると言われていますが、その運営内容や方向性は運営母体によってそれぞれ特徴があるので、支援内容について見極めてアプローチするのがよいでしょう。

事業領域が明確であれば、その事業領域に特化したアクセラレーターを選択すると、そこに集積している企業の人材も当該分野の専門家たちばかりですので、適切なアドバイスが得られ、また将来的な提携の可能性を模索できます。

※アクセラレーションプログラム
アクセラレーターと定期的な面談（メンタリング）を行い、ビジネスアイデアやビジネスそのもののブラッシュアップを共に行っていくハンズオン型支援。事業を早期に成長させるために行われる。

やる気と勇気をもらう

ただ、興味を持ったとはいえ、コミュニティに飛び込む時は不安がつきまとうもの。あなたもきっと次のように考えてしまうことと思います。

かえって無駄な時間を使うことになり、事業を遅らせることになるのでは？

新しい関係は本当に必要だろうか？

入ったところでそのコミュニティではその他大勢になって終わるだけではないか？

もしそのように考えたとしても、どこかのコミュニティには帰属しましょう。なぜなら興味を持ったコミュニティに飛び込む勇気を発揮することは、あなた自身の起業家マインドに大きな価値（見返り）をもたらしてもくれるからです。

新しいコミュニティに入るということは、望ましい思考や行動に自分から感染しにいくことでもあります。あることを当たり前のようにこなしている人が自分の身の回りに多くいれば、自分もそれを実行できるようになる確率が上がるのは当然です。つまり、起業家集団に身を置いてみることで、起業が当たり前になってくるのです。一人で悩んでいたことも、コミュニティに属することであなたのレベルが上がり、そのうち悩みと感じないくらいの人間になれます。

このようにコミュニティに帰属するメリットは、最先端の情報に常に触れられるということに加えて、コミュニティメンバーからやる気や勇気をもらえることにもあるの

[コミュニティに属するメリット]

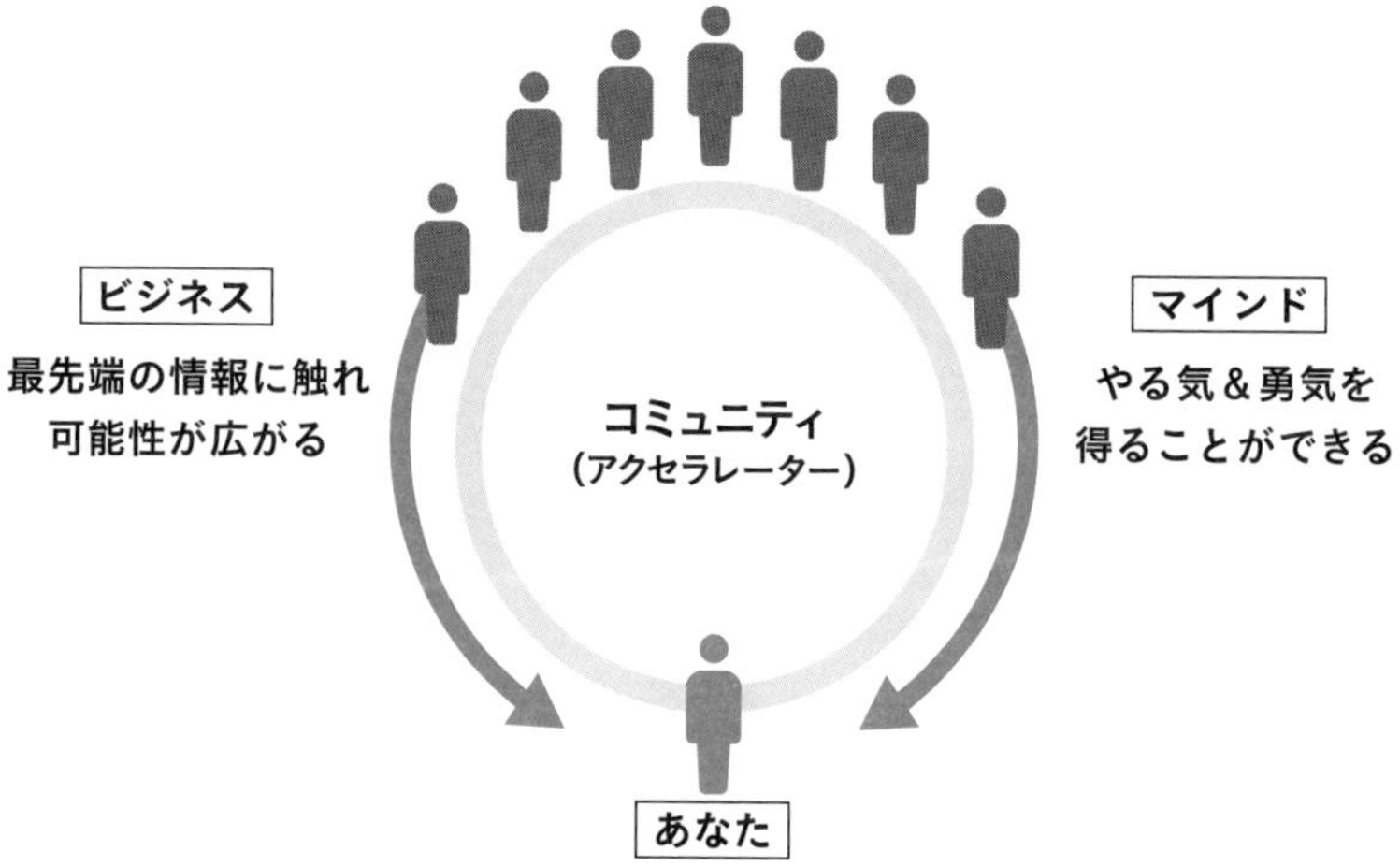
ビジネス
最先端の情報に触れ
可能性が広がる
コミュニティ
（アクセラレーター）
マインド
やる気＆勇気を
得ることができる
あなた

起業家にとって心理的安全性のある環境

です。
こうした**コミュニティは、スタートアップを目指す起業家にとって「心理的安全性のある環境」**とも言えるでしょう。

▼自分の存在を見える化することで生まれる「偶然性」を利用する

先ほど、コミュニティ（アクセラレーター）では適切なアドバイスが得られ、また将来的な提携の可能性も模索できると述べました。

そのためには**コミュニティ内部であなたの存在やニーズを晒《さら》しておく必要があります。なぜなら、あなたのビジネスチャンスを増やしてくれるからです。**

コミュニティはオープンな世界とクローズドな世界を併せ持つものです。コミュニティが持つオープンな世界では、まず目立つことが大事です。何かコミュニティのために貢献をすれば、評判も上がってきます。すると、他のメンバーから声がかかったり、他社を紹介してくれたりする確率もぐんと高まります。

あなた一人の活動範囲ではどうしても限界がありますから、コミュニティのネットワーク力を最大限に取り込むようにしましょう。

コミュニティで目立つための戦術としては、次のようなことがあります。

参加者同士の会社紹介をメインにした軽食付きネットワーキングイベントをあなたが主催してみたり、現役投資家が企画してくれる教育目的のピッチイベントに積極的に出場したりして、コミュニティ内での行動量を増やしていくのです。

偶然目にしたことでつながる起業家と投資家、偶然目にしたことでつながる入社希望者やコラボ企業。**コミュニティ内部での一つ一つの活動は点（ドット）にすぎないかもしれません。しかし、この点をつなぐ力がコミュニティのクローズドな世界には存在します。なぜなら、コミュニティに帰属する全員がコラボ先を虎視眈々と探しているからです。**

だからこそ、あなたがコミュニティへ参加している理由を見える化し、相手を信頼して腹を割って話すようにすべきなのです。こうしてオープンな関係性からクローズドな関係性に持っていけば点が数珠のようにつながります。

また、そこには運というものが介在します。

運は「運ぶ」と書きます。見える存在になっていると、ローマ神話の愛の神アモールが矢を放ってくれるのです。コミュニティ内の誰かがアモールの役割を担ってくれて、あなたとあなたのビジネスパートナーを出会わせてくれることでしょう。

ぜひコミュニティを利用して、あなたの運をよくしていきましょう。

06

「リスクテイクしながら動く」生きたお金の使い方

▼「お金をかければ手に入るもの」で差をつける

ビジネスでは、お金の力を使って他社に差をつけることができます。こう書くと当たり前のように思えてしまいますが、これには一つ大事なことが抜けています。それは、**「お金を使うべきところで使った場合に」**というものです。

使うべきところは、「信用を得る」「自分への投資」「情報への投資」「ネットワーク作りへの投資」など、あなたのビジネスを有利にすることを考えると見えてきます。

例えば、多くのスタートアップは実績がないため、最初は信用もありません。「では、その信用を蓄積するためのお金の使い方にはどんなものがあるか」と考えてみるわけです。

もしあなたが**金融機関からの信用を蓄積したい**のなら、毎月少額の積み立てにお金を使うとよいでしょう。地域の信用金庫などで口座を作り、コツコツと積み立てを始めることは、お金の力を借りて信用力を高めることにつながります。一気に大口のお金を口座に振り込むよりも、毎月少額の積み立てをすることが「この人は計画性のある人だ」という信用を作り出すのです。

自分への投資で言えば、本を買って読み漁る。また、本を書くなどは自分へのインプットとアウトプットになりますから、他者に差をつける有意義な方法です。

情報への投資で言えば、ホームページやＳＮＳ、ブログなどを整備することが考えられます。ホームページはあなたの代わりに24時間営業をしてくれます。あなたの会社は、ホームページがしっかりとしているかどうかで他社と比較されているかもしれません。つまり、ここに投資をするかどうかでチャンスの度合いが変わってくるのです。たかがホームページと思うかもしれませんが、されどホームページです。勤勉な営業マンを一人雇うという感覚でホームページに投資をするとよいでしょう。

ネットワーク作りへの投資は、未来のビジネスとの出会いへの投資とも考えられます。今はスタートアップコミュニティが乱立している状態にあるとも言えますから、どのコミュニティに帰属するかは大変重要な問題ですが、参加して行動することでつながりができ、ビジネスチャンスをもたらしてくれる可能性のある場所でもあるので、必ずどこかのコミュニティに加入し、あなたのビジネスチャンスへの遭遇確率を高めるようにしてください。

▼運をつかむために小さなリスクを取り続ける

ビジネスには運も必要です。それはスタートアップも変わりません。スタンフォード大学工学部のティナ・シーリグ教授はビジネスにおける運の必要性を次のように伝えています。

「私は20年ほどかけて、何が運をよくさせるのか観察し、人々がより幸運になるよう、手助けしてきました。私は起業を教えていますが、新しいベンチャー企業はたいてい失敗するものです。だから、イノベーターや起業家は、できるだけ運をつかまなければなりません」

（『新版　20歳の時に知っておきたかったこと　スタンフォード大学集中講義』ティナ・シーリグ・著、三ツ松新・解説、高遠裕子・訳／CCCメディアハウスより）

彼女は運はそんなに特別なものではなく、いつも、周囲に風のように吹いているので、その風をうまくキャッチすればよいと説いています。そのドリームキャッチャーのような、風をキャッチしやすい帆を作る方法は次の3つです。

①　小さなリスクを取る
②　感謝を示す
③　ひどいアイデアの中に可能性を見出す

このうち、最初の「小さなリスクを取る」には注目です。私は、リスクを取るとは、コンフォートゾーン（自分が居心地よくいられるところ、ぬるま湯）から出ることであると考えています。つまり**小さなリスクを取るとは未知の世界に足跡を残すようなこと**なのです。少なからず今までの行動とパターンが変わるわけですから、運がよくなるというのは、意外なものに遭遇するということと同義のような気がします。私もその通りだなという経験があります。

私は今、新しいロータリークラブを創設して会長を務めています。その名はイノベーションゲートウェイ。これも、思い切ってロータリークラブの世界に入ったからこそできた経験です。ちなみに、ロータリークラブは1905年に誕生した国際的な社会奉仕連合団体「国際ロータリー」のメンバー団体であり、その一員になることで世界のロータリー会員とつながることができます。私はロータリークラブで地元の経済界の重鎮と出会い、「イノベーションを起こすには研究者だけじゃダメで、市民の力が必要なんです」と力説していました。その時、先ほどの新ロータリークラブの創設を勧められたのです。

このことは、世界の人々と一緒にイノベーションを生み出すという私のライフワークを進める上で、世界の多くのフィランソロピスト（篤志家）たちと気軽に知り合いになれるという大きなメリットになっています。こうして、私の運の風向きも変わりました。**運が自分の周りにあるとするのなら、受け身で待っているだけではつかむことができません。また、つかむことができるパワーを持っていなければ見つけることもできませんし、受け止めることもできないのです。**少し勇気を出して、小さなリスクを取る行動を積み重ねていくと、だんだん強運になっていくのだと思います。リスクを取るというのは、自主的になることでもありますから、やり続けていると前向きな気分になるはずです。「私は運が悪い」と思っている人は、ぜひ、小さなリスクを取ることを試してみてください。**安定を望んでいる限り、成長は望めないものです。**

07 「セルフメンタリング」で自信を大きく育てる

目標とする人をメンターにする

あなたに憧れの人はいますか。歴史上の人物の中でリーダーとしての実績がすごくて伝記の本を読んでいたら憧れたとか、たびたびニュースや雑誌などで見る経営者の姿勢や主張がカッコよくてビジネススタイルを真似してみたいと思ったとか。

憧れというのは、「こうありたいな」「こうなりたいな」というあなたの心からの欲望です。この欲望があなたの自信を大きく育てる因子になります。憧れが欲望となり、その欲望を叶えるために行動することで自信がついてきます。大きな自信は、スタートアップにとって非常に大切な要素の一つです。では、大きな自信がスタートアップにとってどのように役立つのかを整理してみましょう。

1　交渉力の向上

スタートアップが成功するためには、投資家や顧客との交渉が必要不可欠です。自信のある起業家は、自分たちのビジネスやアイデアに対しても自信を持っており、自分たちのビジネスを他人に売り込むことができます。自信に裏付けられた交渉力は、スタートアップを成功させるための投資や契約を得る可能性を高めてくれます。

2　チームのモチベーションの向上

自信のある起業家は、チームのメンバーに自信を与えることができます。起業家が自信を持って行動することがチームのメンバーの自信につながり、モチベーションの向上をもたらします。

3　新たなビジネスチャンスの創出

自信のある起業家は、新たなビジネスチャンスを見つけることができます。自信を持っているからこそ、既存のビジネスモデルにとらわれず、新しいアイデアやビジネスチャンスを見つけることができるのです。

4　挑戦に対する恐怖心の克服

起業家にとって新しいビジネスを始めることは、リスクを伴う大きな挑戦です。しかし、自信のある起業家は、このような挑戦に対する恐怖心を克服することができます。自信を持って行動することで、成功や失敗から多くを学ぶことができます。

また、起業家としての**自信を大きく育てるのに大事になってくるのがメンターの存在**です。メンターとはメンタリングを行う人という意味ですが、メンターは、スタートアップの創業者にとって、自分たちが直面するであろうと思われる多くの課題や問題について、アドバイスや指導を行ってくれるとても重要な存在です。

スタートアップにとってメンターが重要な理由には次のようなことがあります。

経験豊富なアドバイス……メンターは、自分たちが過去に直面した問題や課題を経験しており、それを解決するためのアイデアやアドバイスを提供することができます。スタートアップは、自分たちが直面するかもしれない問題に対して、先人の知恵を借りることができます。

ネットワークの拡大……メンターは、自分たちの人脈を使って、スタートアップにとって有益な人や企業を紹介することができます。スタートアップにとって、有益なパートナーシップやビジネスチャンスを見つけられる可能性が高くなります。

指導と方向性の提供……メンターは、スタートアップにとって重要な決定をする際に、アドバイスや指導を提供することができます。スタートアップが、今後どのような方向性を取るべきか、どのような優先事項を設定すべきか、アドバイスを聞くことができます。

モチベーションの維持……起業家やスタートアップの創業者は、時に孤独や挫折感を感じることがあります。メンターは、スタートアップのメンバーを励まし、モチベーションを維持することができます。

学習機会の提供……メンターは、スタートアップのメンバーに、ビジネスに関する知識やスキルを教えることができます。メンターから学ぶことによって、スタートアップのメンバーは、自分たちのビジネスを成功させるためのスキルを身につけることができます。

▼自分で自分のメンターになる

メンターは、必ずしも既知の関係であることを必要としません。また、フェイス・トゥ・フェイスで行わなければいけないというものでもありません。

メンタリングは、もともとメンターとメンティーの1対1で行う手法です。これを、一人二役で、誰かを、あたかも同志のように勝手に思い浮かべながら行うこともできます。それが、これからお勧めする**「セルフメンタリング」**です。

セルフメンタリングの手法はセルフコンパッション（自己肯定感）という考え方をベースに構築されています。セルフコンパッションでは、自分自身を親友と同じようにとらえ、ネガティブに考えたり、自分を否定したりすることなく、他者に対して思いやりを持って接するように、ありのままを受け入れられるような言葉をかけたり、振る舞いをしたりすることで、自己肯定感を高めていきます。

同様に、**セルフメンタリングは、自分の成長や自己効力感（セルフエフィカシー）を感じてビジ**

ネスに取り組む自信を得るのにとても有効です。

具体的には、目標とする人のスタイルを真似ることから始めます。

私はスティーブ・ジョブズと作家の中谷彰宏氏を勝手にメンターにしていました。CYBERDYNEに勤めていた頃はスティーブ・ジョブズの服装を真似して黒のタートルネックとジーパンで過ごしていました。スティーブ・ジョブズに関する映画やドラマはほとんど全てチェックしました。彼が残したスタンフォード大学でのスピーチの真似を英語で行い、彼の言葉を集めて編集した『スティーブ・ジョブズの言葉—愛について、仕事について、インスピレーションについて、そして死について』（国際文化研究室・著／ゴマブックス）という本を熟読しました。今思えばスティーブ・ジョブズに関するオタクのようになっていました。

中谷彰宏氏は、大学時代からの私のメンターです。幸い出身大学も同じでしたから「このキャンパスの風景をきっと中谷氏も見ていたのだろう」と想像するだけでとても親近感が湧いてきました。メンターとして既知の関係のような大変近い存在に感じられたので、中谷氏の書かれた本の内容はスッと心に届きました。私は、中谷氏からは新しい角度からものを見る目や、他者と考え方が違うからこそ喜べるという独特な価値観を仕入れました。私のビジネスの所作は中谷流なところがあるかもしれません。

▼無償で誰かのメンターをやってみる

自分自身でメンタリングができるようになると、スタートアップビジネスが俄然楽しくなってきます。誰もが不安を抱えながらビジネスを新たに生み出し、歩んでいます。スタートアップには孤独がつきものなのです。

多数の仲間が集まるシードフェーズ（スタートアップの発展段階の一つ）になってくると、それはそれで楽しいですが、やはり起業家というものは孤独になりがちです。代表取締役ともなれば、なかなか同僚である取締役にも相談しづらいような案件が出てきます。資金の問題、人の問題、組織の問題など、課題が山積しないスタートアップはないでしょう。

起業家の仕事は自由な一方、一人で仕事の時間を決めなければならず、避けられない面倒な作業を一人でこなさなければならないことも多いです。

ある時ふとよいアイデアが浮かんでも、それをすぐに共有できる仲間がいないと、孤独な世界の現実を突きつけられたかのよう

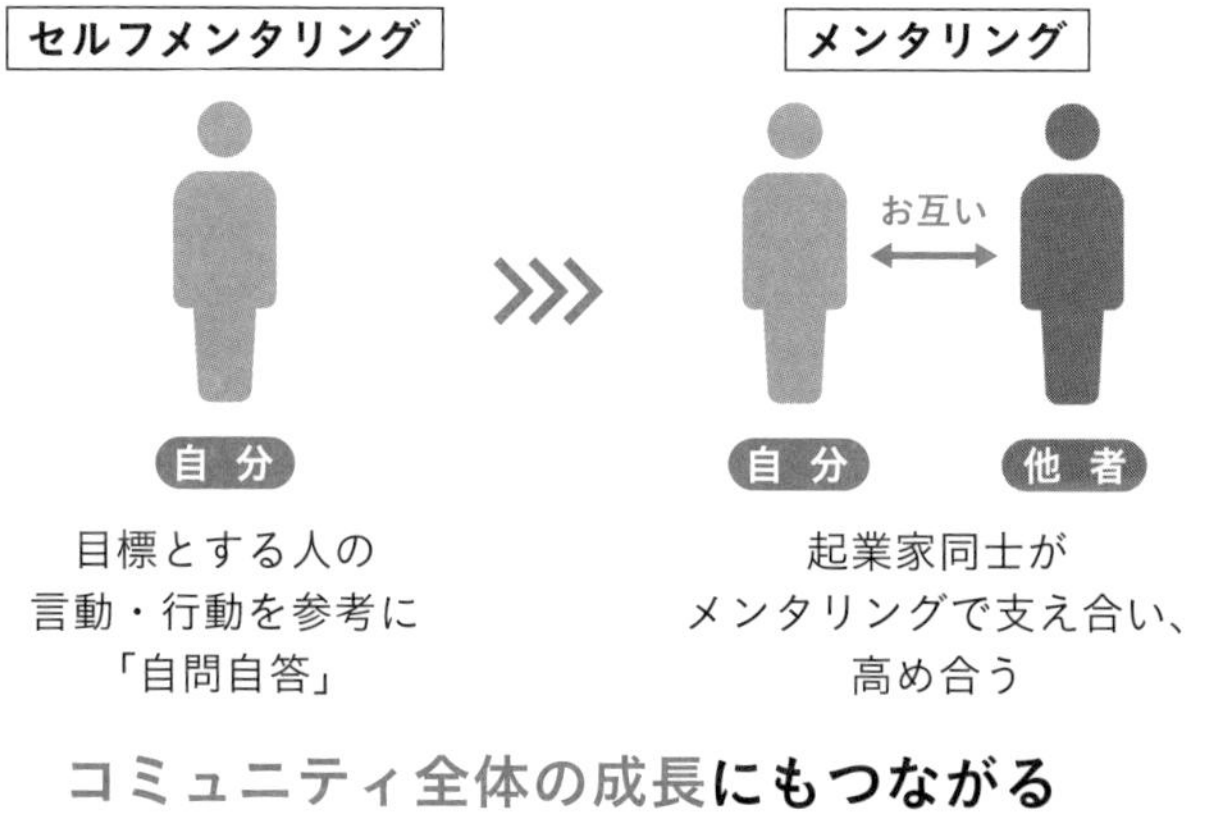
セルフメンタリング
自分
目標とする人の
言動・行動を参考に
「自問自答」
メンタリング
お互い
自分
他者
起業家同士が
メンタリングで支え合い、
高め合う
コミュニティ全体の成長にもつながる

になります。ただ、そのような状況になっても、セルフメンタリングで乗り切ることができます。つまり、セルフメンタリングは起業家にとってとても重要な技術であると言えるのです。

自分自身を律することができるようになったら、今度は他者のメンターに実際になって、メンタリングの技術を磨いていくことをお勧めします。私は起業家同士がメンタリングで支え合うことをお勧めしています。特に、スタートアップのコミュニティ内で、無償で相手のメンターになってあげるということはとても歓迎されています。例えば、私が事業開発責任者を務めていた「湘南ヘルスイノベーションパーク※」には、サイエンスメンターという制度があります。これは、コミュニティ内でメンターをやりたい人をボランティアで募って組織化し（多くは大企業に籍を置く研究者がメンターに就任）、新たにコミュニティに入ってくるスタートアップ企業からの要望を受け付けてメンタリングチームを組織して対応しています。これをコミュニティ内のサービスとして無償で行っているのです。メンターとメンティーの間のコミュニケーションが活発化すれば、コミュニティの雰囲気もよくなっていきます。

このように、コミュニティによっては、メンタリング制度を設けて、メンターをやってくれる人を募集していたりしますので、積極的に手を上げてコミュニティに貢献してメンタリングによる人のつながりを作るとともに、自分自身のメンタリング技術を高めることに挑戦してみましょう。セルフメンタリングをやる際にも、自分自身の自信を掘り起こす際の技術としても利用できるので、結局は自分の成長のためになるのです。

湘南ヘルスイノベーションパーク
2018年4月に設立された、神奈川県湘南に位置する製薬企業発のサイエンスパーク。幅広い業種や規模の産官学が結集し、ヘルスイノベーション（オープンイノベーション）を加速する場となることを目指している。製薬企業のみならず、次世代医療、AI、ベンチャーキャピタル、行政など160社以上の企業・団体が、湘南ヘルスイノベーションパークのコミュニティーの一員となり、エコシステムを形成している。

08 ビジネスを共に育てるメンバーの集め方

▼創業時にメンバーを集めるメリットとデメリット

創業時にメンバーが集まれば、あなた一人で起業するよりもマンパワーが増え、事業展開のスピードも上がります。ただし、起業時のメンバー募集には注意すべきポイントがあります。

業種によっては経営者一人で起業できないスタートアップもあるため、メンバー募集が必要な場合はメリットとデメリットの両方を把握しておくことが大切です。

ちなみに複数人と一緒に起業する場合、一人で起業するよりも綿密な事業計画を必要とします。無計画にメンバー募集を進めてしまうと、収益が上がらなかった場合に事業が失敗に終

起業の仕方	メリット	デメリット
一人で起業	固定費が安く済む 意思決定が楽	クオリティや生産性に制限 思考が固まりやすい
複数人で起業 ※一人で創業した後、しばらくしてから創業メンバーを募集する方法を含む	生産力の向上 スキルを補い合える 高い付加価値を生み出せる	人件費、施設費等固定費の増加 意思決定に話し合いが必要

わってしまうリスクが高まります。

ビジネスが原因で大切な関係性が壊れてしまわないよう、そして継続的にビジネスを発展させていくためにも、ビジネス上のルールをきちんと決めた上で起業しましょう。

▼お勧めの起業メンバー募集方法

●社内の同僚や同業の仲間と起業する

あなたがまだ独立前で、社内に起業を志す同僚がいたり、同業の友人で独立したい人がいたりする場合は、特に付き合いが古く、信頼できる関係性であれば、ビジネスを進めていく上でも強力なパートナーになってくれる可能性は高いです。

その人が一緒にプロジェクトを進めた同僚やチームメンバーであれば、仕事の能力についてもわかっているので安心です。

●起業メンバー募集サイトや人材紹介業を活用する

最近では、起業メンバーを募集する掲示板のような機能を持ったポータルサイトも多数存在しています。これらの起業メンバー募集サイトでは、希望するスキルや仕事内容の条件が一致するメンバーをすぐに見つけることができます。業種によっては専門職がいないと開業できないような事業もあります。看護師などの医療職などをターゲットにする専門紹介サイトもあります。

なお、ネットで起業メンバーを募集する際には、相手の性格や実務能力が不明です。信頼できる人かどうかを判断するために必ずリアル面談などを経て見極めるようにします。適切なルールのもとで一緒に起業していくようにしましょう。

すでに開業しているなら、Wantedly（ウォンテッドリー）やIndeed（インディード）といった求人系の媒体を使って起業メンバーを集めることもできます。

▼優秀な人材を集める方法

スタートアップにとって優秀な人材を集める方法は永遠の課題とも言われています。立ち上がったばかりのスタートアップは知名度もなく、賃金形態も他社との競合で魅力的でないなど、最初のうちはなかなかよい人材が集まりづらい時期となります。スティーブ・ジョブズはAクラスの人材しか集めなかったと言われていますが、Apple社もできたばかりの頃は知名度がなく、人材集めには苦労していました。

ただ、スタートアップでの人材集めは事業の成長にとても大きく関わります。この時期に単に働く目的は給料だけではないという熱い志のある人をどう集めるかにフォーカスすると案外と集まるものです。私の勤めたCYBERDYNEも創業当初は名もなきスタートアップでした。山海嘉之社長自らリクルートし、「一緒に未来を作らないか！」と技術者を採用する際の誘い文句にしていたエピソードを聞いたことがあります。山海社長も最初は大変だったのです。

経済産業省では、**スタチャレ（スタートアップチャレンジ推進補助金）**という事業がスタートしました。これは、人材育成の観点で社員をスタートアップで研修させる大企業やスタートアップが人材を探すといったニーズに応えるために政府が用意した補助事業で、人材を受け入れるスタートアップや人材を輩出する大企業などの情報をこちらに登録することができます。スタートアップで働いてみようと考えている個人がチェックしているので、この事業に登録してみるのもよいでしょう。

なお、私がこれまでさまざまな形でスタートアップに携わってきた中で感じる優秀な人材の共通要素を次にまとめたので参考にしてみてください。

【優秀な人材の共通要素】

・財務諸表を理解し、ビジネスモデルの構造を把握する
・会社経営における時間軸を鑑み、何が求められているのか課題を設定することができる
・ビジネスの競争力を維持するために必要な要素を定義することができる
・事業推進に必要な組織を設計し、必要な人材を外部から登用できる
・高い専門性と誠実さを持ち、会社をリードすることができる
・経営陣とともにビジョンや価値を発信し、組織をリードできる
・ネットワーク能力に優れ、外部のあらゆるステイクホルダーと良好な関係を築くことができる

・曖昧な環境下でも意思決定し、それを推進することができる
・学習・吸収力がある

▼仲間と会社組織の壁を越える

またスタートアップでよく問題となるのが「会社組織の壁」です。

起業したばかりの頃は、経営者を中心に数名の社員で運営するケースが多く、ほとんどが気心の知れたメンバーで人数も少ないため、コミュニケーションが取りやすく会社はうまく回るでしょう。ただ、事業が軌道に乗るにつれてメンバーが徐々に増加すると組織の問題が出てきます。

一般的に**社員数が30人、50人、100人の頃に大きな問題が発生しやすい**と言われています。この3つの段階で発生する問題が会社組織の壁として、「30人の壁」「50人の壁」「100人の壁」などと呼ばれています。

このことを認識しておくと前もって問題に対する準備ができるので安心です。経営者となるあなたは組織の規模によって変化するメリットやデメリットを理解し、その時々の社員数に最適なマネジメントを実践しましょう。

	起こり得る問題	対　策
	・コミュニケーションの減少 ・入社時期の違いによる感覚のずれ ・価値観の多様化による孤立や対立 ・評価の仕組みの不足 ・マニュアル未整備による業務効率性の悪化 ・新入社員研修の未整備 ・バックオフィス機能不足	・仕組み（マニュアル）化 ・経営理念の教育 **リーダーシップの委譲と社員に任せる経営スタイルの追求**
	・中間管理職のマネジメント不全 ・会社の一体感低下 ・法令上の義務の発生（衛生委員会設置、衛生管理者の選任、産業医選定、健康診断報告書の提出、障害者の雇用、休憩室の設置、ストレスチェックの実施）	・経営者と中間管理職の意識統一 ・リーダーシップやコーチングスキルの獲得支援 **中間管理職の育成と強化**
	・コミュニケーションコストの増加 ・縦割りの弊害	・制度、インフラ整備 ・プロフェッショナルとゼネラリストのバランスのよい人事配置 **専門分野にスペシャリストを配置し、経営者は戦略的経営に集中**

規模	特徴	メリットとデメリット
30人の壁	集団から組織へ	○**メリット** 経営者と従業員の距離が近い スピード感のある経営 ●**デメリット** 人的リソースに余裕がない 特定社員への過度な負担
50人の壁	中間管理職と 法令上の義務	○**メリット** 仕事の規模拡大 新人教育の徹底 経営の安定化 ●**デメリット** スピード感の低下 固定費用の増加
100人の壁	プロフェッショナル と自律性	○**メリット** 事業の多角化 各種業務の安定化 採用の競合優位性向上 ●**デメリット** スピード感の低下 固定費用の増加

09

キックオフミーティングのシナリオ作成のコツ

▼キックオフミーティングは信頼を築くための場

どんなミーティングも初回が肝心です。

特に顔合わせのために行うキックオフミーティングはプロジェクトの目的を明確にしたり、親睦を深めたりと、今後ビジネスを共に進めるにあたって欠かすことのできない最も重要なミーティングであると私は位置付けています。

キックオフミーティングでは、お互いに持っている情報を共有するなどの目的も重要ですが、それよりも大事なのが信頼を構築すること。つまり、一緒に仕事をしたいと思わせるような相性を確かめ合うのです。これをラポールの関係※を築くと言います。

そのため、実際に会って話し、その人の細かな表情やしぐさ、ミーティング以外での振る舞いなどから人柄を見ることがとても大切になってきます。

コロナ禍からリモートの打ち合わせが一気に増えました。効率を考えたらリモート作業やオンラインミーティングも有効ですが、やはり**信頼関係を築くには実際に会ったほうが成功しやすい**

ラポールの関係
心理学用語。ラポールはフランス語の「RAPPORT」が語源と言われ、「橋を架ける」という意味から、お互いに心が通じ合い、安心して相手を受け入れることを表す。

ことを実感しています。なかでもキックオフミーティングの顔見せは重要です。海外とのやりとりはオンラインでも仕方がないでしょうが、国内や近隣国であるならばなるべくオンラインではなく、直接会えるようにするとよいでしょう。

▼人に会う直前に未来をイメージする

ミーティングの前に流れを考えておくことはとても大切なことです。これは主催者でなくとも参加する人、それぞれがお互いのためにやっておくべきことでもあります。ほんの数分、立ち止まってこれから起こる未来をシナリオ化するのです。

未来をシナリオ化するのが大事なのは、営業プレゼンテーションの場でも、投資家を前にしたピッチプレゼンテーションの場でも同じです。どの場面でも事前にしっかりイメージしておくということがあなたの心の余裕を作り出し、何事も成功確率を高めてくれます。

そのために、情報収集を怠ってはいけません。どんな人と接するのか、可能な限りストイックに情報収集しましょう。

話す内容も集まっている人を想定して用意します。私は小中学校での授業の講師として呼ばれることもあます。その時は、今流行っているアニメなどの情報を調べて、話題の中に挟んだりして場を和ませたりします。そうすることで聞き手の集中力を高めるのです。

特に初めて顔を合わせるキックオフミーティングでは、**目の前に集まってくれた人はお客様と**

思って、「今日はなんだか楽しいな、ためになるな」と思ってもらえるようなシナリオを第一に考えてみましょう。もちろん、事前に抱いていたイメージと異なったということもありますので、雰囲気を察知して瞬時に話題を変えられるくらいのシナリオのレパートリーは欲しいところです。そのためにも情報収集はストイックに行ってください。

全てはビジネスがうまくいくように、シナリオを考えてミートさせる確率を高めることが成功をもたらしてくれます。ミーティングを演出する脚本家になりましょう。

▼アジェンダの意味を理解する

議論の目的に応じて会議の全体概要（アジェンダ）を作成します。アジェンダの種類には大きく3種類あります。

●発散型

議論を通して幅広い選択肢が出てくる。結論が見えないテーマについて議論し、明確でないまま終了してよい。

●収束型

議論を通していくつかの選択肢から一つの選択肢に絞られる。メンバー間での意思決定や合意形成など、最終的に何かしらの結論を出す。

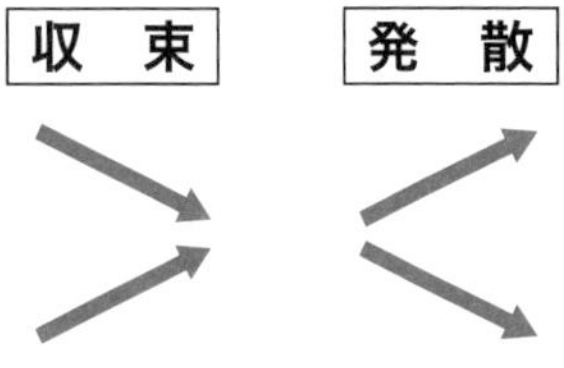

●共有型

情報共有や前提確認など、メンバーと認識を合わせる。議論を特に必要としない。

共　有

アジェンダは個々のアジェンダアイテム（議題）から構成されます。会議がどれに分類されるのかをあらかじめメンバーに示しておくことで、ミーティングの参加者がどのような視点を持ち、どのような発言が求められるのかを事前に理解することができます。

収束型のアジェンダアイテムであれば、マイルストーン達成のためにどのようなアウトプットを作っていくべきか、現実的な結論を導くことが必要です。賛成派反対派が共存する現場ですので、全体の進行を見通しながら議論を深めるファシリテーション役の存在がより重要になってきます。

共有型のアジェンダアイテムであれば、疑問点を質問し合いお互いの納得感を確認するのが大きな目標となるので、できるだけ認識を合わせるために強調することが重要です。

ただし、アジェンダアイテムをあえて作成しないほうがよいケースもあります。例えばアイデア出しが目的の発散型の会議を開く場合は、集まるメンバー間の発想を刺激し合って偶発性を利用しますので、議題をあらかじめ設定する行為は自由を奪い、思考の枠を作ってしまうことになり逆効果になります。

10 スタートアップに役立つコミュニケーション3つのポイント

▼スタートアップでは命を燃やすコミュニケーションを

ビジネスにはコミュニケーションが重要なことはあらためて言うまでもありません。ただ、私の経験や多くの起業家を見てきた中で、スタートップをうまく活かせるコミュニケーションにはポイントがあると私は考えています。

それは、

- **「時間＝命」と思ってコミュニケーションを図る**
- **アサーティブネスなコミュニケーションを心がける**
- **積極的傾聴の技術を心がける**

の3つです。

では一つずつ説明していきましょう。

「時は金なり」とはよく言いますが、私は「時間＝お金」よりも、「時間＝命」だと考えています。

特にスタートアップを志す人は、どんな時も自分と相手の命の時間を使っていることに配慮しましょう。

ここで過去に私が感動した会議の話を一つさせてください。私はその会議の冒頭で一気に心をつかまれました。その光景は今でもビジュアルとして目に浮かぶぐらい覚えています。

私はCYBERDYNEの営業部長として、シンガポールのチャンギ空港の空港サービスを一手に引き受けているサイクレクトという会社に、掃除ロボットの世界初導入に向けた交渉に伺ったことがありました。その時、社長以下主要メンバー全員が会議の席で開口一番に「お忙しい中、日本からわざわざお越しいただきありがとうございます」と笑顔で、かつ日本語で丁寧に頭を下げ、ポジティブに感謝を伝えてきたのです。

それだけで私は「尊重されているなあ、わざわざ遠くにきた甲斐があった。なんとかこの会議の成果を出そう」とやる気が出ました。もちろん、その後のコミュニケーションがうまくいかないはずがありません。**想いのこもった冒頭の挨拶は、相手に自分の話をよく聞いてもらうための魔法の言葉。**一期一会の精神はこういうところから感じ取れるものなのだと痛感しました。

対人コミュニケーションで大事なことは、相手を大切にしていることを本心で表現することです。うわべだけの言葉や作った表情ではすぐに本心でないことが伝わってしまいます。

幹部の人に会う時も、一般社員の人に会う時も、分け隔てなく常日頃から相手を大切にしていることを本心で表現するのです。意外と周りの人は見ています。

そのような姿勢を持つ秘訣は、**時間＝命だと本気で思うこと**だと私は考えています。

自分や相手の命を削りながら、一期一会の精神で真剣にコミュニケーションする。スタートアップで命を燃やすとはそういうことなのです。

相手を尊重し自分も主張するアサーティブネスを身につける

一方で気をつけなければいけないのが、「自己主張が強いコミュニケーション」です。もちろんスタートアップで自分軸を持つことは重要ですが、それを押しつけるように振る舞うと途端にうまくいかなくなります。なぜなら、我が強く、人の意見を受け入れようとしない頑固な人とレッテルを貼られてしまうからです。

いったん面倒な人というイメージを持たれてしまうと、なるべく話したくない人に分類されてしまい、次につながらなくなる可能性が高いです。相手の立場を考えたコミュニケーションは、ビジネスの成功に欠かせません。

特にスタートアップでは、社員同士や顧客とのコミュニケーションにおいて、相手が何を求めているか、どのような問題を抱えているかを常に意識し、適切なアプローチを取ることが必要です。そこで重要になってくるのが**「アサーティブネス※」コミュニケーション**です。

先ほどの、自己主張が強いのは相手に感情をぶつける「攻撃的」コミュニケーションだとすると、自分の中で感情をぐっと押し殺すのが「受け身的」コミュニケーションとなります。この2つの中間に存在するのが、「アサーティブネス」コミュニケーションです。

「アサーティブネス」コミュニケーションでは**「誠実」「率直」「対等」「自己責任」**という4つ

※アサーティブネス
自他を尊重した自己表現もしくは自己主張のこと。

の特徴を兼ね備えた受け答えが大事になってきます。

こう言うと難しそうに思えますが、**相手を尊重しながら自分の意見もしっかり伝える**ことをちょっと意識するだけで口から出る言葉が変わり、コミュニケーションは自然とアサーティブネスなものになっていきます。では具体的に、どのようなコミュニケーションがアサーティブネスだと言えるのか、例をご紹介します。

【上司からお得意様宛の急な納品を頼まれた時】

お得意様である取引先のA施設長から上司宛に納品を明日までにして欲しいとの電話がありました。上司から、「この納品、明日お願いできるか?」と頼まれたBさん。実は明日は、休暇を予定していました。この場合、Bさんはどう答えれば、アサーティブネスになるでしょうか。

①「明日はできないので、別の人に頼んでください」

②「わかりました」(予定をキャンセルして納品対応する)

③「明日は予定があるので申し訳ありません。別の方にお願いしていただくか、むしろ本日中なら対応できると思いますが、いかがですか?」

①は攻撃的、②は受け身的、③がアサーティブネスなコミュニケーションです。「攻撃する」でもなく「受け身になる」でもなく、あくまで上司の主張を尊重しつつ、自分の主張を伝えてい

くよう心がけてみてください。

▼積極的傾聴の技術を身につける

コミュニケーションを成立させる要素には大きく分けて「受け取ること」と「伝えること」の2つがあります。**積極的傾聴は、このうち「受け取ること」に対して最も効果を発揮します。**

ビジネスの相手や社員に寄り添い、話を聴く技術が長けていれば、それだけ相手のニーズや要望がわかりますし、なんと言っても信頼を獲得することができます。

この積極的傾聴は、米国の心理学者であるカール・ロジャーズによって提唱されました。ロジャーズは、聴く側に求められる要素として次の3つを挙げ、人間を尊重する態度に基づくカウンセリングを提唱したのです。

- **共感的理解（相手の話を相手の立場に立って理解しようと努める）**
- **無条件の肯定的関心（相手の話を否定せず、肯定的な関心を持って聴く）**
- **自己一致（聴き手が相手に対して、真意を確認しながら話を聴く）**

ビジネスにおいて積極的傾聴力があると次のようなメリットが生まれます。これまでコミュニケーションが難しいと感じたことがある場合は、話すことよりもまずは聴くこと重視でトライしてみてください。

- **ニーズに基づく仮説構築力の向上**
- **信頼関係の構築**
- **先入観の排除**
- **相手のことを深く理解できる**
- **人間関係の強化**
- **自己理解が深まる**

傾聴では相手の話を聴くことに集中するため、自分の話はあまり挟まないようにすることがポイントです。しかし、あまりにも黙って聴き続けると相手も「自分ばかり喋って申し訳ないな」と感じてしまうため、自分からも適度に話す必要があります。その時の会話の割合は**相手が7割で自分は3割、つまり「7：3」の比率を意識して話すのがよいでしょう。**スタートアップでは、従業員同士や顧客とのコミュニケーションが非常に重要です。そのため、オープンで率直なコミュニケーションが求められます。積極的傾聴の技術を取り入れて、スタッフ同士や社長と社員の間に壁がなく、自由にアイデアや意見を出し合える環境を作り出すことが大切です。

11 相手を感動させて共感を得るストーリーの作り方

▼共感力がスタートアップビジネスを成功させる

現在、世界中でＤＥＩ（多様性：ダイバーシティ、公平性：エクイティ、包括性：インクルージョン）の発想を経営に取り入れる組織が増えています。これは、従業員それぞれが持つ多様な個性を最大限に活かすことで、より高い価値創出につなげようという考え方です。

ＤＥＩを企業が導入する理由は２つあって、一つは人権尊重。マイノリティを尊重し、心理的安全性を確保することで、フェアな労働環境を構築するという価値を実現するためです。

もう一つは**企業価値の創造と競争力の向上**です。グローバルな人材の獲得、イノベーションの創出は企業の持続的な成長に不可欠であるため、よりクリエイティブな組織とすることで生産性を高めようとしているのです。

私はこのＤＥＩを実現する効果的な方法の一つに、**共感力（エンパシー）**があると考えています。共感力とは相手の立場に立って相手の気持ちに寄り添うことです。共感が介在することであなたのビジネスを有利にし、成功の可能性を高めるシーンがいくつもあります。

●「お客様と共感し合う関係」

あなたがお客様に共感できれば、そのニーズを正確に素早くキャッチして取り入れることができます。つまり、共感によってお客様のニーズや欲しいものがわかるのです。

また、お客様から共感されることを重視したマーケティング（共感マーケティング）はSNSが普及した現代の新たな手法として注目が集まっています。特に、ミレニアル世代やZ世代（1980年代から2000年代に生まれた若い世代の人たち）を引きつけると言われています。この世代は、モノを買うにしてもストーリーを重視したり、単なる性別や人種よりも広い多様性を重視していたりすることを知っておく必要があります。

●「社員と共感し合う関係」

共感が従業員のパフォーマンスを上げます。近年、社員が成功するには、コミュニケーション能力、協調性、自発性、リーダーシップなどのソフトスキルが重要であることが明らかになりました。よいリーダーになるためには、高い技術よりも、メンバーに共感したり話を聞いたりする能力のほうが重要です。共感やコラボレーション能力に優れている従業員がいる組織は、組織内外のステークホルダーをつなぐ機能も発揮してくれます。

●「出資者と共感し合う関係」

製品やサービス、起業家のパッションなどに共感されると、応援される企業になります。特に出資者との関係はスタートアップにとっては重要な部分です。例えば、クラウドファンディングで出資者を募るのは、この共感をいかに作り出すかにかかっていると言えるでしょう。

では、どのように共感力を身につけたらよいのでしょうか。

▼共感力を高めるためのトレーニング手法

共感力が高いと言われる人は次のような特徴を持った人です。

- **コミュニケーションを取る中で共通点を見つけられる**
- **ちょっとしたしぐさから相手の感情を察する**
- **聞き上手で人から話しやすいと思われやすい**
- **自分の気持ちを伝えるのがうまい**
- **相手をもっと知りたいという欲求が強い**

共感力は、日々の行動を少し変えるだけで自然と身につきます。共感についての第一人者は先述のカール・ロジャーズです。あなたは起業家として今後、さまざまな人に会うことになるので、ロジャーズが提唱した共感の3つの心構えについては知っておくとよいでしょう。

1 共感的理解

共感の基本は、相手の立場に立って、十分理解しようと努めることです。相手が話す内容の主人公になったような感覚で、しっかりと想像しながら傾聴しましょう。

ただし、完全に相手になりきる必要はありません。あくまで「あたかも」という感覚を持ちながら、自分と相手の境界線は保つように心がけます。

2 無条件の肯定

共感をする際は、相手に敬意を払い、それぞれの人生を尊重する意識を持ちましょう。価値観や悩みは人間の数だけあります。一般的におかしな悩みでも、本人にとっては大問題なのです。頭ごなしに否定するのではなく、まずは相手が大変な思いをしていることをしっかりと受け止めましょう。

3 自己一致

理解できるまで話を聴いて、「そうかあ～、本当に大変だったんだなあ」と肯定できると感じた時に、「それは大変でしたね」と声に出してみましょう。演技的で、場当たり的な態度はNGです。純粋な気持ちで理解するように努めます。

▼人を感動させるストーリーテリング

知識を伝え、「共感」や「感動」という価値をもたらすものにストーリーがあります。

例えば、会社案内では会社の物語が必要です。起業から草創期、苦難期、成長期、変化期、再出発……企業の物語は実に多くの示唆、教訓を与えてくれます。こうした会社の成長の足跡をストーリー化し、企業文化の充実、企業ブランドの向上、社員モラルの徹底などに結びつけ、企業価値の向上に貢献します。

情報やデータは、**ストーリーの文脈の中で語られることで、人の内面（記憶）に定着します**。人は、情報やデータに心を打たれ、笑い、涙を流すことはありません。ストーリーにこそ自分自身を重ね合わせ、深い心の体験を共有するのです。断片ではなく、部分でもなく、あくまで全体を統合的に提示することによって、他の手法では得ることのできない価値を生活者と企業が共有できます。これが**ストーリーテリング**です。

なお、先にも述べたように、スタートアップのストーリーは、起業から草創期、苦難期、成長期、変化期、再出発といった流れで作っていきます。その際に大事なことは次に挙げる通りです。参考にしてください。

【語り手の情熱】

ストーリーを語る前に、自分がどうしてその話をしようとしているのかを理解する必要があります。なぜこの製品やサービスを提案するかのストーリー、そして自分の体験談などから商品の販売につながるストーリーを導き出します。

【苦難（困難）】

内容の全てがサクセスストーリーというのは相手に感動を与えません。

ヒーローものの映画はとんでもない悪役がいるからこそ、勝利が際立つわけです。貧困から這い上がった、コンプレックスを乗り越えたなど、困難から始まるストーリーに人は心を揺さぶられます。ストーリーに波ができるように意識しましょう。

【気づき】

誰も運よく成功した人の話は聞きたいとは思いません。苦難の中で解決策を求めながら、何かしらの気づきを得た瞬間がストーリーのキーポイントです。テレビ番組の『ガイアの夜明け』や『情熱大陸』をご覧になったことがある方ならばわかるかもしれませんが、番組では苦難の連続から抜け出す中に気づきの瞬間やブレイクスルーの瞬間が映し出されることがよくあります。

【結果】

ストーリーの結果はハッピーエンド（幸せや成功がもたらされているもの）である必要があります。そうしないと、商品を購入してもらうという本来の目的から外れてしまうからです。

12 企業や人を自分のストーリーに巻き込む

▼自分の夢を一方的に語るだけでは相手の関心は誘えない

スタートアップに欠かせないのが、周囲を巻き込む力です。

「巻き込む力」は相手から自分への協力を引き出す能力のことです。これは周囲のサポートを獲得し、スケールの大きな仕事を成功させるのに必須のスキルと言えます。

前項で、人を感動させるにはストーリーテリングという方法がよいと書きましたが、ストーリーになっていれば必ず相手が感動し、応援してくれるということでもありません。ストーリーで語るというのは人を感動させるための必要条件であっても十分条件ではないのです。

では、相手の関心を自分の夢に向けるにはどうすればよいでしょうか。それは、あなたが相手の関心のあることについて情報を入手して理解し、それをあなたの夢に関連づけて話すのです。そうしてあなたのストーリーに周囲を巻き込んでいきます。

私は、湘南ヘルスイノベーションパークというライフサイエンス企業の集積する場に100社以上の企業を誘致しました。その時にやっていた手法がまさにこれです。

武田薬品工業としての夢は国内屈指のイノベーションエコシステムを創造したいというものでした。しかし、これを誘致したい企業の経営者にストレートにお話ししてもそれぞれの企業の事情というものがあります。話はわかってもらっても、すぐに理解してもらい巻き込めるというものでもありません。そこで私は、誘致したい企業の現在の事業戦略や求めていることをホームページやニュースリリースなどで情報をチェックしたり、実際に経営陣にヒアリングをしたりしてあらゆる情報を入手し、相手の事情に応じた提案をしました。そうすることで、湘南ヘルスイノベーションパークでなら企業の垣根を越えてイノベーションを生み出せそうだと感じてもらうことができ、入居者やメンバーになってくれるという決断を導くことにつながったのです。

くり返しますが、相手をストーリーに巻き込むには、相手はそもそも何を求めているのかを考え、自分自身の夢を相手の求めているニーズにリンクさせて話すことが必要です。そうすることで、相手はあなたの夢にますます関心を寄せ、どんどん巻き込まれていくことでしょう。

▼あなたのスタートアップへ人を巻き込む方法

起業というある種の過激な活動に他人を巻き込んでいくためにはどうしたらよいでしょうか。あなたのスタートアップを運営していく際に、社員として、投資家として、またはアドバイザーとして、数多くの人を巻き込みたいといった時に有効な方法も紹介しておきましょう。**ポイント**

は、相手はどういう時に味方になってくれるのかを知ることです。その方法は次の４つです。

●困っていることを正直に話す

人は助けを求められたら、なんとかしてできる限り助けたいと思うもの。窮状を正直に話し、理解してもらうことが大事です。

●紹介して欲しいとストレートにお願いする

紹介は何よりも心強い方法です。あなたは「紹介していただけるだけの信頼性」を高める努力をしなければなりません。人脈は生きています。ネットワークを持っている人は、紹介をすることでそのネットワークがさらに強固になっていくことを知っています。

●喜んでもらうために努力する

人と人がビジネスを作ります。機械では到底できない、人間らしいことをやって相手を喜ばせましょう。人間同士の温かい交流は、喜びや感謝の感情を芽生えさせます。人は喜びが大きいと、何かをしたいと思ってくれるものです。手書きの手紙や心のこもった贈り物などがお勧めです。

●正面から誘う

人は誘われたら嬉しいものです。誘う時には相手のためにもなることが伝わるように誘います。一緒にすごいチャレンジをしようという意思が伝わるようなあなたオリジナルの誘い文句を考えておくのです。ちなみに、ＹＥＳの返事をもらった後のことも想定しておくのをお忘れなく。

13 他社とのコラボレーションは協業ではなく共創で考える

大企業もスタートアップの力を必要としている

あらゆる産業がDX（デジタルトランスフォーメーション）を戦略として取り入れる時代になりました。時代の変化も激しく、従来通りのモノやサービスの提供だけでは企業の成長が鈍化してしまうため、特に大企業はスタートアップとのコラボレーションに注力し始めています。

しかしながら、大企業にとってはスタートアップとの連携はまだまだノウハウがなく、どのようにスタートアップにアプローチをすればよいのか、どのようなアライアンスを組めばよいのか、大企業側がわかっていない可能性があります。

この時に重要となってくるのが、**協業か共創か**という視点です。

話を受けるスタートアップ側としては、他社からコラボレーションを求められた際に協業なのか、それとも共創なのか、その違いをしっかりと認識していないと誤解が生じてしまう恐れがあります。協業は大企業の自前主義を軸とした、大企業主軸の取り組みであり、スタートアップを下請けのように扱って大企業のミッシングパーツを補うものです。実際には委託契約を締結するなどが典型例になります。

他方、共創は対等かつ協調的な関係を構築します。大企業は優れたアイデアをスタートアップから獲得し、これまで発想してこなかったような組み合わせにより、新たなブレイクスルーの実現を目指します。文字通り、共に0から1を創るパートナーの関係になります。

最近では、その共創を起こす場としてオープンイノベーションを活用し事業を起こそうとする大企業も増えてきました。

▼▼オープンイノベーションのススメ

オープンイノベーションとは、「製品開発や技術改革、研究開発や組織改革などにおいて、自社以外の組織や機関などが持つ知識や技術を取り込んで自前主義からの脱却を図ること」と定義され、2003年にハーバード大学経営大学院の教授であったヘンリー・チェスブロウによって提唱されました。

これが意味していることは、**これからの時代、1社だけでは新しい製品やサービスによるイノベーションは生み出せない**ということです。つまり、イノベーションを起こすには、組織間の連携を生み出すように視野を広げて動かなければならないということです。

とはいえ単に外部の企業を片っ端からあたるといった仕事のやり方では、リソースが足りなくて非効率ですので、まずは共創する場所を定める必要があります。

最近ではオープンイノベーションのための環境を整えた空間を大企業が自ら提供していたりします。そこにはコラボレーションをするための目的をもった人たちが集まっていて大変効率がよく、そこを利用しない手はありません。

ただ、その時に気をつけていただきたいポイントがあります。それは、イノベーションのたねは「実は自分が持っている可能性が高い」ということです。

灯台もと暗しにならないよう、オープンイノベーションの現場を、自分では気づかなかったものに気づかせてもらうために活用しましょう。違う業界や違う職種の人たちと話して、他者目線のフィードバックをもらうつもりでコラボレーションをする。ビジネスアイデアはオープンイノベーションのプロセスで気づくものです。

私もこれまでたくさん経験してきましたが、イノベーティブな気づきは、自前主義ではなかなかできません。同じ業界、周辺の業界だけで小さくやるのではなく、全く異なる業界の人と交流を持つことがとても画期的で面白いアイデアを生み出すのです。

誰もが思いつかないような組み合わせでいろいろと試してみることができるのがオープンイノベーションの素晴らしいところと言えるでしょう。

▼アイデアを膨らませてくれる人

同じ業界の同じ職種の人たちはアイデアを膨らませてくれる人たちです。同じポジションの同業他社の担当者グループを作ってみるといったことは、最近世界で流行っている情報共有の賢いやり方で、やってみると多くの気づきが得られます。

それぞれ守秘義務を締結する手前のギリギリのノンコンレベル（非競争領域）までという約束で、日頃疑問に思っていることや、自社の活動などを情報共有します。今、各社単独でお金をかけずに情報を収集することが常識になってきています。自分で持っているアイデアに対して無料でフィードバックを得ることは貴重な機会となることでしょう。

また、他社が今どんな考えを持って活動しているのかなどもわかり、励みにもなります。業界の最前線の雰囲気を感じ取れるので、コンサルなどに大金を払って情報収集するよりも生のリアル情報がダイレクトに入ってくるのもよい点です。

さらによいことは、ネットワークを手にすることができる点。このような業界横串の会議を主宰するようになると、もしあなたの業界が新しい業界であるならば、そこから業界団体に発展することもあり得ます。業界全体の視野の広さを持ち、自社の立ち位置を知ることで、大胆な攻めの戦略を選択することができるようにもなります。

ですから、**アイデアをより膨らませてくれる同じ業界の同じ職種の人たちは大事にしましょう。**

14 スタートアップこそ礼儀正しく丁寧であれ

▼礼節は成功のために不可欠

礼節とは、礼儀と節度のこと。

これは、**単なる礼儀ではなく、相手に対する敬意と思いやりの心が伴った行きすぎでない礼儀**を意味します。社会的地位が高い人で礼節を重んじていない人はいません。その地位にある人の多くは、人に対する接し方や身のこなし、振る舞いの仕方がスマートで礼節をわきまえた人が多いです。だから成功してきたとも言えます。

スタートアップにおいて社外、社内含めて信頼を得るには礼節はとても大事な、そして有効な武器となります。スタートアップでは、効率を追求しすぎて、なりふり構わずのベンチャー魂を優先しがちです。だからと言って、乱暴な言葉を吐き、人を見下すような態度を取ってよいわけはありません。

礼節を伴わない言動や態度が他の社員（チーム）に伝播して、似たような発想を持つ社員を増やしてしまうこともあります。その結果、組織が不寛容で攻撃的になり、思考能力を下げ、社員が健康を害したりします。つまり、**礼節の欠如が、組織にチームが成果を生み出すために必要な環境と言われている「心理的安全性」の欠如した状態を生み出してしまうのです。**

また、礼節の欠如が、社外に対して不誠実な会社だという印象を与えてしまい、ビジネスの機会を逸失してしまうこともあります。

このように、礼節は会社の成功だけではなく、結果として巡り巡ってあなたの起業家人生の成功にも影響を与えてしまうものなのです。

▼健康と礼節の深い関係

結婚して数十年になる夫婦を調査したら、ひんぱんに口論する夫婦は、口論の少ない夫婦と比べて免疫系が弱かったという研究結果があります。

また、社会と関わっていないことが健康に対して著しいリスクになるということが、孤独の研究でわかってきています。こうした研究成果から、**人と交流する能力が健康を左右する**ということが言えます。つまり、他者とつながり、礼節を守るというのが自分の健康を守るということにつながるのです。健康を維持するのは、**①バランスの取れた食事**、**②十分な睡眠**、**③適度な運動**というのが定説でしたが、これに私は**④礼節を守ること**を加えたいと思っています。礼節のある人との交流は、自分自身や会社を健康にすると私は信じています。

▼人とつながることで運の表面積を広げる

また、あなたの運を最強にするためにも、人とのつながりを常に礼儀正しく丁寧にしておくことをお勧めします。

イノベーションを起こすために活動している人たちは緩くつながり合っています。その状態を**エコシステム（生態系）**と言いますが、このエコシステムには起業家だけではなく、アカデミア、投資家、銀行、弁護士、会計士、広報、記者、行政などのステークホルダーたちが存在します。

この世界は正直です。粗相をするとつまはじきにされることもしばしばです。

例えば、同じエコシステム内で、データを盗んで紛争を起こしたり、誤解を与えるような無礼な行為をしたりしたら、間違いなくその人はエコシステム内で悪い意味で有名になり、2度とビジネスチャンスに巡り合えなくなるでしょう。

礼節を欠くことは損。だから、エコシステム内ではなるべく多くの人と関わり合いながら、礼節を持ってエコシステムに貢献することが重要です。スタートアップを目指す人は、**常に礼節を持って努力を重ね、ビジネスチャンスが舞い込んでくるように仕掛けるのです。**

礼節を持ってコミュニティに属して活動していれば、信頼がアップして、それらをつなぐハブの役割を担うということも可能です。

ネットワーク理論のパイオニアであるロナルド・S・バートは、「従来隔離されたグループ間をつなぐ人には極端に多くの資源が集まる」と言います。

サンノゼ州立大学でシリコンバレーを研究しているW・マーク・フルーエン教授も、「ネットワークはそのつなぐ数が多ければ多いほど威力のあるものになり、チャンスに遭遇する」と言います。

このようにして自身の運の表面積を増やしていくのも、スタートアップのテイクオフには必要なことです。

礼節を持って人とつながることで、ぜひ新たな知識、資源、ネットワークを果敢に手に入れてください。

COLUMN 03

CEOが取締役会を味方につける最善の方法

人を巻き込み、企業を巻き込めても、事業が順調に進むとは限りません。例えば、事業環境の悪化から企業の業績が振るわない場合、株主は不寛容となり、経営陣に対して厳しい要求を突きつけてくるでしょう。この時、もしあなたが最高経営責任者であるCEO（Chief Executive Officer）であれば、頼りにすべきは取締役会です。

私の経験上、CEOが取締役会とのコミュニケーションをよく取っている会社はビジネスのテイクオフの可能性が非常に高いと言えます。なぜなら、取締役会が経営方針に理解を示し、CEOの最大の応援者になってくれるからです。

では、CEOとしてどのように取締役会とのコミュニケーションを取っていけばよいでしょうか。これまで私が多くの企業を見てきた中で、CEOで会社の舵取りをうまくやっているなと思う例としては、定期的に取締役と1on1ミーティングをしているケースです。

食事会などでもいいですし、なるべく非公式に面談をする機会を設けていたりします。個人的なやりとりをすることによって、取締役たちがいざ重要な案件が発生した際の強力な理解者になってくれるのです。

取締役会となると月に1回あるかないかの企業が多く、取締役と日頃からコミュニケーションを取らないケースがほとんどと思われます。社外取締役などは、その1か月間の情報の進捗について取締役会で初めて聞くということも少なくないでしょう。よって定期的に1on1ミーティングを開き、方針の理解度を深め、良好な関係性を築いておくとよいのです。

また、取締役会を企業の最前線プレーヤーの顔を見せる場とすることもお勧めです。現場レベルで頑張っている営業のリーダーや製造現場の主任に参加してもらい、躍動感ある情報を共有することで、取締役は彼らを応援したいという気持ちになるものです。

現場のリーダーも取締役からの応援があることでさらによい数字をもたらそうとしたり、成長しようと努力したりするなど、組織として好循環なことが起きます。また、取締役たちには会社の人材の厚みを知ることにもなり、会社にとっては有益です。

取締役会をいかに協力的なものにして効果的に事業を進めるかは、CEOとしてのコミュニケーション能力にかかっているのです。

Chapter 4

キーパーソンから学ぶ
スタートアップの作法

00
独自のキャリア構築を意識する

キャリアとは自ら創り出すもの

誰かに用意してもらったキャリアを歩む人生であなたは満足できますか？
自分の人生のためのレールは自分で敷《し》く。
人気ゲームの「マインクラフト」で自分の世界を創造していくような感覚です。一歩踏み出したその瞬間からオリジナルの世界が作れるのです。そのために、大事なのが人生のVisionです。羅針盤をしっかり持っている人であれば、人生のマインクラフトはうまくいくでしょう。あなたのVisionの実現のためであれば、他人に何を言われようが気にせずに自分のキャリアを作り出すことができます。

キャリアとは千差万別であり、人の数だけあると思ってください。

自分がなぜ今、その仕事に従事しているのか、それを補足説明する際にキャリアという考え方は重要です。私は、これまで築き上げてきた自分の存在意義がキャリアであり、どんな説明にも使えると思っています。なぜなら、**世の中の成功や失敗は全て生存証明として、あなたの変化（＝成長）**

を説明するための転機になるからです。

だからこそ、自分のやってきた事に正直に向き合ってほしいのです。たとえ自分の理想にたどり着くには遠回りの経験だったとしてもその意味の説明について多面的に分析すると、新たに発見することがあります。もちろん自分ではできないという人も中にはいるでしょう。そのような人は、はキャリアコンサルタントの力を借りることで明確化することもできます。

▼他人のキャリアに興味を持つ

また、**他人のキャリアに興味を持つことも、自分のキャリアを考える際に有効**です。例えば先輩起業家を訪問してどんなキャリアの築き方をしているのか、そこからヒントを得ることもあります。私が起業したNERVでは起業家育成塾を運営しているのですが、先輩起業家たちを訪問して得る気づきの大きさに塾生たちは驚き、自分のキャリア形成に自信を得ています。なぜ自分がそれをやっているのか、自分だからやらなければならないと気づかされたという先輩起業家の生の発言は、どんな書物を読むよりも塾生によい影響を与えてくれるようです。

「人生には転機というものがあるんだ」ということが腹に落ちた瞬間です。

スタートアップというと、ついビジネスモデルばかりに目がいきがちですが、スタートアップを志した起業家たちの転機を知ることは、何よりも勉強になります。

強い動機づけがあれば強いスタートアップが生まれる可能性がありますが、その動機を持つには人それぞれの生い立ちや独特な環境が関係しているものです。

私はこれまで転職を決めた同僚がいたら、ランチなどに誘って、その時の心境についていろいろと聞いてみるということをしてきました。

人がキャリアチェンジするということは生き方に真剣に向き合っているタイミングですから、将来の自分にも大変参考になるだろうという思いからそうしてきたのです。これは、起業後に人を雇う際の人事でも大いに役に立ちました。人が人生の岐路に立った時にどのような心境になるのか、その思いについて理解ができる社長になりたいものです。

そこで、Chapter4では、5つのビジネス分野から現在日本で最も注目を集めているスタートアップをクローズアップします。今まさに成功に向けてチャレンジしているスタートアップのキーパーソン5人へのインタビューです。

【医療／次世代がん検査】株式会社HIROTSUバイオサイエンス　代表取締役　広津崇亮さん
【エネルギー／脱炭素・核融合炉】京都フュージョニアリング株式会社　代表取締役　長尾昂さん
【宇宙／月面探査・資源開発】株式会社ispace（アイスペース）代表取締役　袴田武史さん
【素材／新世代バイオ素材】Spiber（スパイバー）株式会社　取締役兼代表執行役　関山和秀さん
【アグリ／世界初の密閉式栽培装置】株式会社PLANTX（プランテックス）会長　山田眞次郎さん

世に出ている起業家へのインタビューの内容と言えば、今後の事業展開について深掘りしていくものがほとんど。本書では事業内容にはあえて踏み込まず、それぞれの起業家が、なぜ固有のビジネスアイデアにたどり着いたのか、また、起業家としての内面を深掘りし、起業マインドのヒントをあなたに得ていただくことを目的としたインタビューになっています。

彼らがどんなビジョンを持って、ミッション達成のために日々どのように行動しているのかを肌で感じることが、自身の考えるスタートアップビジネスにさらに磨きをかけることにつながると考えています。

また、この本では官僚としてジャンヌ・ダルクのように先頭に立って奮闘している行政のキーパーソンにもご登場いただきます。起業家マインドを持つ新進気鋭の弁護士として活躍していた彼女は、日本のスタートアップ環境を盛り上げるために米国から帰国し、経済産業省の門を叩いた稀有な人物です。

【スタートアップ旗振り役】

経済産業省　スタートアップ創出推進室総括企画調整官　南知果さん

スタートアップを目指す起業家としてあらゆる刺激を得ていただければと考えます。

悩みは解決しないものだと
思っているからつらい
解決してやろうと思えば、
それは悩みではなくなる

01

【医療＝次世代がん検査】

HIROTSUバイオサイエンス

代表取締役 **広津崇亮**
ひろつ・たかあき

九州大学教員時代の2015年に線虫の嗅覚を利用した新しいがん検査「N-NOSE」を発明し、翌年株式会社HIROTSUバイオサイエンスを設立。2020年、N-NOSEを実用化し、がんの一次スクリーニング検査の概念を広める。2022年11月、世界で初めて早期すい臓がんの特定を可能にした「N-NOSE plus すい臓」の開発に成功。2023年1月、ダボス会議のユニコーン枠に日本で唯一招かれる。著書に『がん検診は、線虫のしごと』（光文社）がある。

株式会社HIROTSUバイオサイエンスの代表取締役の広津崇亮さんは、線虫の嗅覚の研究に専念していた研究者であり、研究室での研究成果を実用化するため、自ら起業を決意。2016年にHIROTSUバイオサイエンスを設立し、線虫の嗅覚を用いた新しいがん検査を開発、製品化することに成功しました。

広津さんは日本のがん検査市場における大きな課題に着目しました。それは、現在のがん検査において、そもそも検査率が低いこと、また病気が進行していない早期段階では検査の精度が低く、がんを見つけられないことが多いという問題点です。これに対し、広津さんは独自の技術である「線虫を使った生物診断技術」を用いた安価で高精度なリスク判定が可能な次世代がん検査方法を開発しました。

この技術は、線虫ががんの匂いを感知することにより、がんの存在を検出するというもので、従来のがん検査に比べ、より早期のがん発見が可能となります。また、この技術は、がんの種類ごとに調べることが可能な新検査の開発にもつながっており、現在は沈黙の臓器でがん発見が遅れがちとなっている膵臓がん専用の検査キットの販売にまで応用が広がっています。

また、広津さんは自社検査を受けた人が次の検査に進むよう、受検後の受診行動につなげるための仕組みづくりにも取り組んでいて、結果的にがん患者の早期治療に大きな貢献をしています。このような技術を新規に開発して実用化することは、医療分野においては非常に難しいことであり、この分野でスタートアップを成功させた広津さんは、起業家として優秀な実績を残していると言えるでしょう。

キャリアの選択では自分がしたいことに対し一番いい方法を考える

久野　広津さんの成功の秘訣は、その熱意というか情熱にあると私は考えています。広津さんはこれまで自らが開発したがん検査技術に対して強い信念を持ち、それを世に広めるために全力を尽くしてきました。そのような熱意を持った起業家精神が、新たな価値を創造し、社会に貢献できる事業につながっていると思うのです。そこでまずは広津さんの起業家としてのキャリアの考え

線虫がん検査自動解析装置が並ぶ検査センター

方についてお聞きしてもいいですか？

広津　もともと起業家になりたかったわけではありません。私は大学教員でしたので、ずっと研究して生きていくものと自分でも思っていました。さらに若い頃に戻ると、一度サントリーに勤めて1年で辞めています。

日本の世の中はキャリアにしても、人生にしてもレールの上に乗って行くという考え方の人がたくさんいますよね。私も高校は進学校に行って、東大を出たので周りはみんなそんなふうなんですね。そのような中で私が常に考えていたのは**「自分がしたいことは何だろう」**ということでした。**変わったことがしたいというわけではなくて、自分がしたいことに対して一番いい方法はなんだろうと考えるような感じです。**それが1年でサントリーを辞めることになったのかもしれないし、大学教員を辞める決心をさせたのかもしれない。そう考えると、これまで他者に評価されてキャリアを築きたいと思ったことはなく、唯一の存在としてこの世に生まれてきたので、**自分にしかできない何かをする人生を歩みたい**とその時々で一番いい選択をしてきたように思います。その結果として、起業家になったという感じですね。ですから、今は起業家ですけれど、死ぬまで続けるかと言うと多分違うような気がしています。

久野　なるほど、広津さんにとって、起業家になることは必然な選択だったのですね。

悩みは解決すべき課題だと思えば楽しい

久野　起業家というものは悩みも多いとよく言いますが、広津さんには悩みを相談するメンターなどはいらっしゃるのでしょうか。

広津　悩みのようなものは一切ないです。これは性格だと思いますが、超ポジティブ人間なのです。だから落ち込むことがないし、悩みもないです。もちろん全てうまくいくわけではなく、経営者をしているといろいろな課題に直面します。でもそれは**悩むことではなくて解決すべきこと**ととらえているのでむしろ、私にしてみれば面白いことの部類に入ります。

課題が目の前にあるわけですから、これはどうやって乗り越えたらいいんだろうと考えると楽しくなります。解決しないと思うから悩みなので、これは解決できるものだと思っていたら悩みではなくて、面白いやりがいのある課題となる。

そう思いながら私は日々楽しく生きています。

久野　悩んでいる暇があったら行動に移して試行錯誤しながらでも前に進んでいく、解決することに喜びを感じるのですね。

広津　若い頃は自分だけで解決しなければいけなかったのですが、経営者になった立場上、自分だけで解決する必要もないわけです。その解決に適した人に依頼するのでもいい。ようは自分で動かすことのできる手が広がってきているので解決もしやすくなっているはずなのです。ですからうまくいかないと思っても、これはどうやったら解決するだろう、こうやったらうまくいくのではないかとか、そんなことばかり考えています。だから悩んだりしていないですね。

自分でまず考えるところからスタートする

久野　人によっては本を読んで先人たちの知恵とかそういったものを経営に取り入れながらやっていくなどというスタイルもあると聞きますが、広津さんの場合はどうされていますか。

広津　本は読まないようにしています。

実は研究者の頃から論文はなるべく先に読まないようにしていました。先生に怒られそうな話ですけれど論文を読むと、その内容に引っ張られてしまいます。そこに大御所が言ってることなどが書いてあったらなおさらで、先入観みたいなものが生まれてしまいます。

例えば、偉い先生が書いている論文と同じ実験をして自分の結果が違っていたら論文が正しくて自分が間違っていると思いますよね。でも、もしかしたらそれが大発見かもしれない。ですから、論文などはなるべく先には読まずに、フラットな目線で実験をして、その結果を考え、その後に論文を読むようにしていました。

経営の正解もそうです。立派な経営者の方々の本もいっぱいあります。しかし、それを読んでしまうとそれに引っ張られてしまうと思うので、意識的に読まないようにしています。技術も違えばビジネスモデルも違う中で、同じ解決法で正解なわけがないと考えています。

もちろん学ぶべきことはたくさんあると思いますが、そうではないことも必ずあると思うのです。どこかの偉い方々がこうしたなら、自分もそうしようって思う人は世の中に多いとは思いますが、それでうまくいくとは限らないですよね。ですからなるべく、そのような類の本は読まずに、自分の頭でフラットに考えるようにしています。

久野　フラットでいること、中立的な視点で考えることがまずは大事だと。

広津　まず何もないところで自分で考え、正しいと思う考えに行きつくことが大事。そこで「ちょっとほかの人の意見を聞いてみようか」と思うかもしれないし、正しいかどうかを確かめてみようと思うことはありますが、先に答えを知るのではなくて、自分でまず考えるところからスタートすることを心掛けようといつも思ってます。

自分たちらしいやり方が共感者を呼ぶ

久野　ネットワークづくりに関して工夫されていることはありますか。

広津　そうですね、もともと研究者の頃から研究テーマの立て方や論文の書き方などというものに関しては誰もやってないことをしようって思っていました。ですから**どんなテーマもネイチャー※に出せるかどうかを基準にして考えていたところがあります。**

久野　ネイチャーを基準にしていたのですね。

広津　もちろんネイチャーに載ることは大変難しいことですが、ネイチャーやその姉妹誌ぐらいには載る研究が多かったので、誰かが書いた論文の真似をしてどうこうということは全くなくて「自分で解析系を作る」みたいな感じで、常に人と違うことをしよう、誰もやらないことをやってみせようと思っていました。その一方では自分のオリジナリティある考え方をどうすればダイナミックな動きにできるのかも考えていました。そうした場合、やはり**共感者がいないとダメ**なんです。**人と違うことをしようで止まってしまうとただの変わった人**なので、それを**どう説明してみんなに仲間になってもらうかということが大事**になってきます。今の出資者の方々も、教科書を読んでベンチャーキャピタルから投資してもらったなどではなくて、純粋に応援して

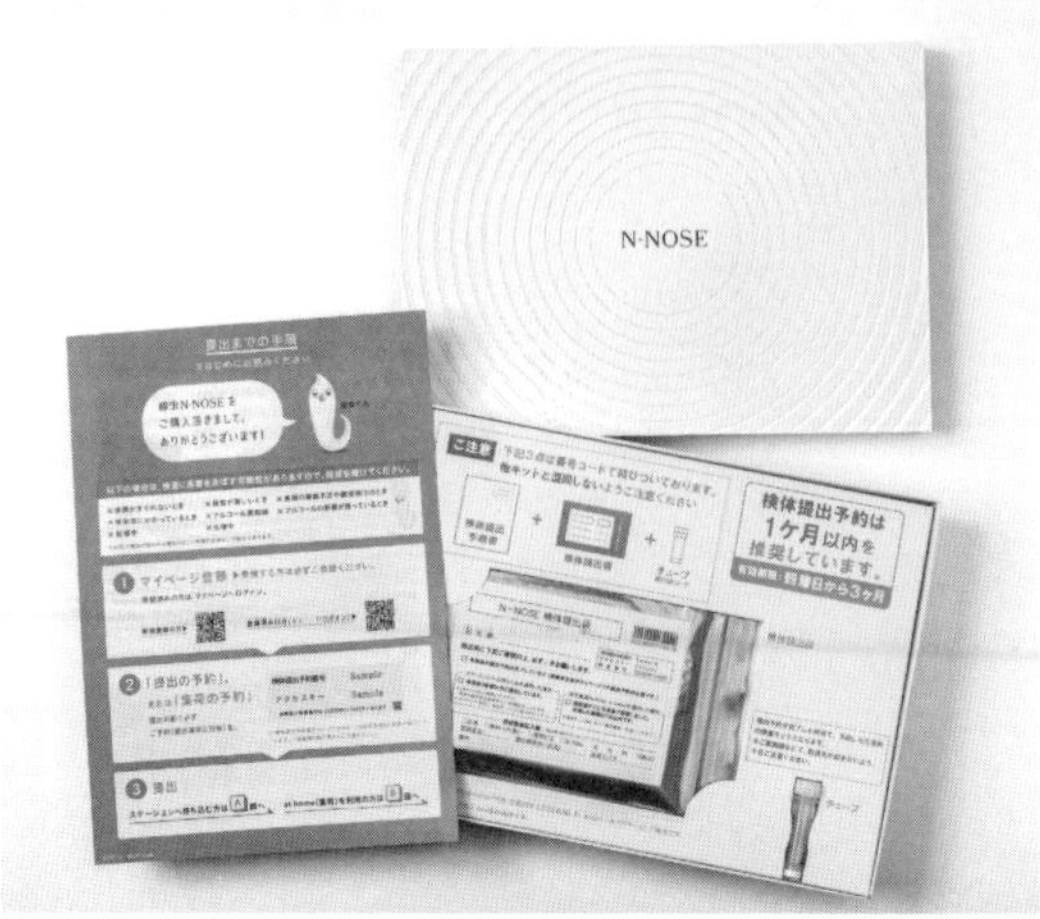

安価で高精度のがん検査を実現した検査「N-NOSE」（エヌノーズ）

ネイチャー
国際的な総合科学ジャーナル。1869年11月4日の創刊以来、科学技術のあらゆる分野における、最高品質の論文を掲載、世界中の読者に最先端の科学を伝えている。

くださる企業や個人の出資者が多いです。そういうネットワークの広げ方は他と違うかもしれないですね。いわゆる経営者が集まっているコミュニティに足繁く通というのではなくて、共感者をたくさん作ることを心掛けてここまで来ています。

久野　具体的にはどのようにやっているのでしょうか。

広津　共感していただける人が増えるという点では、面白いなと思っていることがあります。それは、出資いただいた協業企業などと一緒に仕事をしていると、先方の担当者からうちの会社に入りたいというお声をいただくんです。それも一回や二回ということではなくて、結構頻繁に。言ってみれば**会うたびに仲間が増える**みたいな形です。

突然、「ちょっと話があるのですが」と言われて、「自分の会社で昇進の内示が出たのですが、どうしても御社に入りたくて」などと告白されることが結構多くてですね。私としては「いやそちらに進まれたほうがいいですよ」と思います。うちの会社はベンチャーですから給料も高くないので。ただ、それを知った上で大企業をやめてでもうちの会社に入りたいと思ってもらうことはとても嬉しいですし、自分のやっていることが間違っていなかったのかなとも思っています。

久野　志、目線、言動、全て、広津さんに人を魅了する要素があるのでしょう。ついて行きたいと思わせる要素が。

広津　自分自身ではわからないですが、そういう方々が現れることは本当にありがたいです。

久野　最近はイノベーションを生み出すためのコミュニティがたくさんできていますよね。

広津　もちろんよいコミュニティに入りたいとは思います。ただ、起業家がプレゼンして、人から

「こうやるんだ」みたいなことを言われて、「それを一生懸命やってます」というような人も多いと思いますが、そういう環境ではないところでもやり方はたくさんある。**自分たちの会社の仲間を作っていくにしても、それに見合った自分たちらしいやり方があるのではないかと思うのです。**

久野　ネットワークづくりの本質的なお話を伺ったような気がします。そういうところは少し普通のベンチャーと違うことをしてるかもしれないですね。

自分がやらなければこの技術は広がらない

久野　広津さんがこの事業にかける想いが人を惹きつけ、共感者を作っていると思うのですが、あらためて事業にかける想いを伺ってもいいですか？

広津　私はもともと大学の先生ですし、ビジネスとは一番遠いところにいました。「発明はするけれど実用化なんて全然関係ない人」と自分で本当にそう思っていました。九州大学で「線虫によるがん検査」を発明したという論文を出した時は結構メディアなどにも取り上げられたのですが、その頃も「まあ実用化は10年後ぐらいですかね」などとのんびりなことを答えているわけです。

しかし、その後、半年ぐらいで思い直しました。その理由として、まず一つ目は自分が発明者で一番知識があってノウハウを持っていること。二つ目は自分がやらなければ、実用化が遅れるだろうと思ったこと。線虫の行動解析は誰かに学んだわけではなくて自分で確立しました。だから自分がやらないで誰かに任せたとすると、おそらくスピードダウンしますよね。ようは、**この**

技術を安く早く広げたかったのです。

久野　そこに想いがあるのですね。

広津　私は科学者なので、「安くて精度が高い」というのがこの検査の売りだと思っていました。それをどこかの企業に任せたら、１万円でできる検査を10万円と値付けしてもいいわけじゃないですか。唯一無二の技術だから10万円と値付けしたら儲かるわけです。ただ、それでは広がらない。いかに安く多くの人に届けるかをやりたいのであれば自分でやるしかないと、そのように考えてベンチャーを立ち上げたのです。

久野　なるほど。すごく理解しやすい。それは広津さんしかできないことですね。

自分にしかできないことがイノベーションを起こす

久野　では、最後にイノベーションを追求する人が持つべき起業家マインドについてお聞きします。広津さんの考えるイノベーターマインドはどういったものですか。

広津　研究者と経営者は、私の中ではどちらも同じような考え方でできると思ってます。ただしゴールは違いますが。私が研究者の時にやったことというのは物事の本質や真実を見極めたいということです。他の人が見極めてることを真似してもしようがないわけです。だから自分のオリジナリティはなんだろうかということにこだわっていた。経営者になってもやっぱり人が作ったビジネスモデルを真似することには抵抗があります。誰か他の人がやれるものは別に自分がやらなくてもいいわけですよね。でもそういう人や企業は世の中にいっぱい存在します。成功しそうだったら、じゃあお金を出して同じことしましょうというような。でもイノベーターは、そうではなくて**自分でなければダメなものは何だろうっていうものを突き詰めることが必要なのだと思います。**

だから私は常々**唯一無二の武器を持つことが大切**と言っています。イノベーションを起こすとは、やっぱり自分にしかできないことは何かっていうことを考えることだと思うのです。その結果として出てくるものがもしかしたらイノベーションになるということなのだと。

久野　そのためには自分のことをよくわかってないとダメですよね。広津さんはご自身のことがよくわかっているからそういう道を選択する英断がスパスパッとできるのだと思うのですが。

広津　日本人はちょっと周りを気にしすぎです。常に「誰にどう思われるだろう」と思っているところがあります。しかし、日本は失敗しても飢え死にするような国ではないですよね。ということは挑戦していいはずなんです。なんとなく世間体を気にしていい大学に入っていい企業に行くというのは実にもったいない。失敗したら飢えて死ぬかもしれないという国で頑張っている人達もいる中で、少々失敗したって挫折したって次がある国が日本です。にもかかわらず周りを気にしている人が多すぎる。**周りを気にするということは結局自分のオリジナリティある人生ではない生き方を選ぶということです。**誰かの意見に左右され、しかも大多数の意見を受け入れる。それではみんな同じような人生になってしまいます。もったいないですよね。

違う見方をすると、日本は周りがそのような感じなので、イノベーターマインドを持っていると逆に目立ちます。アメリカであればライバルがたくさんいると思うのですが、日本だとちょっと尖っただけで結構目立つ。

日本はよくイノベーターが生まれない、生まれにくい国と言われていますが、実は社会としてはやろうと思えばできるかもしれない国。**逆にスタートアップがやりやすい国**なんです。

久野　みんながそのように思えるにはどうしたらいいでしょう。

広津　月並みですが、人生は一度きりだし、面白く生きなければもったいないと。プレッシャーを感じたとか失敗したらどうしようと思っていたって、面白いわけないですよね。

「なんとかなるさ」という感じがうまくいきます。そのために自己肯定感は大事。ダメだダメだと思っていてもうまくいきません。起業家はポジティブシンキングで「自分ができる」と思っていたほうが向いていると思います。課題を解決するのは難しいかもしれませんが、それはずっと（永遠に）その場（そのポジション）に居ると思うからつらいわけです。私みたいにその大学を辞めてしまったら、もう大学とは関係のない人間です。もちろん、私も最初からそう思えたわけではありませんが、みな永遠に続くという発想になるから悩んでしまうのです。

久野　なにか悩みに対する新しい解決の仕方を見つけた気がします。

広津　**悩みはずっとそのままで解決しないものだと思っているからつらい。解決するものだと思うか、もしくは解決してやろうと思えば、それは悩みじゃなくなる。**これ格言になりますか（笑）。

久野　いいお言葉です。一人でもそういう悩みを抜け出せるような手助けができればいいなと思っています。

日本の技術力と強みを活かし、グローバルに戦っていくための核融合エコシステムの構築を目指す

02

【エネルギー／脱炭素・核融合炉】

京都フュージョニアリング

代表取締役 **長尾 昂**《ながお・たか》

2019年に創業者として京都フュージョニアリングを設立。代表取締役として、ラボスケールの研究開発を起点に核融合事業を立上げ、戦略立案、資金調達、人材採用を推進。KF社設立以前には、Arthur D. Little Japanにて、新規事業などの戦略コンサルティング、エネルギースタートアップのエナリスにて、マザーズ上場、資本業務提携、AIを活用したR&D等を主導。京都大学 協力研究員。京都大学 修士（機械理工学）。

京都フュージョニアリング株式会社は、フュージョンエネルギーの実現を目指して、研究開発を進めている日本のスタートアップ企業です。同社は、地球環境問題の解決に向けた取り組みを通じて、社会的価値を生み出すことを目指しています。

長尾さんは世界的な注目を集めるフュージョンエネルギーの研究開発に取り組んでいる起業家の一人で、２０１１年3月11日に発生した東日本大震災による原発事故などを踏まえて、最終的にフュージョンエネルギーの開発に取り組むことを決意しました。

フュージョンエネルギーは、地球上に豊富に存在する水素を燃

料として用い、核融合によって発電を行うエネルギーです。この技術が実現すれば、化石燃料に頼らず、安定したエネルギー供給が可能となることから、世界中の研究者たちが注目しています。フュージョンエネルギーは、高い安全性を備え、CO2排出量もほとんどないため、地球環境に負荷をかけずに、持続可能なエネルギー供給を実現することができます。

長尾さんは、フュージョンエネルギーの研究開発において、その先進性や挑戦的な性格に加え、ビジネスにおいても、創業以来、投資家からの支援を獲得するなど、起業家としての実績も著しく、注目されています。そんな長尾さんの起業家精神や使命感は、スタートアップを目指す人々にとって、大きな刺激を与えてくれます。

やりたいことをフルスイングでやる

久野　まずお伺いしたいのは長尾さんの人生におけるキャリア観です。キャリアについてどういったお考えを持っているのか？　また人生の転機はあったのかをお伺いしたいです。

長尾　明確な答えになるかわからないですが、日頃から考えているのは「死ぬ時に後悔するような生き方はしたくない」ということです。

私はまだよくわかりませんが「やった後悔はそれなりに理解できるが、やらない後悔に関してやっぱり悔いが残る」というようなことを上の年齢の方々からよく聞きます。だからやりたかったことをやらないで人生が終わるというのは自分の人生において寂しいものだと思っています。

やりたいことをフルスイングでやる。人生は一回しかないんだから。あまり安定志向に陥ることなく自分の自己実現に向けて着実に努力を続けるというのが私のキャリア観になりますね。

久野　自己実現というところは非常に大事だと思います。自分が何をやりたいか、自分自身のことをよく調べたり、内省をしていたりとか自分のことをよくわかってないと人生の主人公として生きられないですよね。長尾さんがそのように考えるようになったのは、個人的に何か意識してやっていることがあるからなのでしょうか。

長尾　私は中学生の時に、親戚が経営していた会社がバブル崩壊の影響を受けて倒産しているんです。その時に子どもながらに「経営するということがどういうことなのか」を深く考えさせられました。いわば思春期の私に突きつけられた人生の課題ですね。

その後大学は、京都大学の機械系に進んでいるのですが、就職にあたり友人たちは、例えば自動車メーカーだったり、あるいは鋼鉄のメーカーだったり、重工業の業界を選ぶ人がとても多かったです。その中で私はプロダクトみたいな軸にあまり惹かれませんでした。

どちらかというと**日本のものづくり全般の強さみたいなものをしっかりと世界にプッシュしていき、ものづくり大国日本みたいなところをいかに再興するか**というテーマが自分の中にあったように思います。これは振り返ってみれば中学生の頃からすでに経営というものに対する論点のようなものが自分の中にあったからなのだと思います。ですから、経営全般を勉強したいと思いコンサルティング会社に入るわけです。そして、スタートアップに移り、今の会社にたどり着くまで基本的にはスタートアップをやっている感じです。

スタートアップは鋼鉄の壁に裸でぶつかるような戦い

久野　過去のご自身の原体験があって、日本全体のものづくりを立て直すという思いが動機として大きいのでしょうね。そういった経験をしているからこそ、今エネルギーという分野に軸足を置いていることにつながるわけですね。

長尾　おっしゃる通りです。エネルギーという分野でスタートアップを目指したのには時代的な背景もあります。２００８年にオバマ元大統領がグリーンニューディール政策※というものを掲げました。そして、２０１０年ぐらいにスマートグリッドというバズワードが現れます。私は賢い電力網（スマートグリッド）を作るというのは産業を作ることだと当時理解しまして、「新しい産業をゼロから作るんだ」という思いに従いスタートアップを志したのです。そして、ちょうどスタートアップに転職した後に東日本大震災が起こり、その後、電力自由化の波が一気に訪れました。送配電分離であるとか小売全面自由化といったワードが毎日、経済紙の一面をにぎわすような、そういうキャッチーな産業領域の中でエネルギーというものを学ばせていただいたわけです。

その一方で東日本大震災の経験から日本の原子力発電に対する方針の良い部分と悪い部分が浮き彫りになり、同時に脱炭素が叫ばれるような状況になった時に、核融合の技術者として40年ぐらい研究活動を行ってきた小西（哲之）らに出会い今の会社を立ち上げました。

グリーンニューディール政策
オバマ政権において10年間で1500億ドルの再生可能エネルギーへの投資や500万人のグリーン雇用の創出を掲げた政策。環境・エネルギー分野に特化した景気対策で、経済・地球温暖化・エネルギーの問題の解決も期待された。

久野　なるほど。それで共同創業という形になってくるわけですね。では、ここまでやってこられた中で、スタートアップに大事な考え方であるとかイノベーターとして必要なマインドはどのようなものであると感じていますか？

長尾　月並みな話になってしまうのですが、やっぱり**楽しむことと失敗を恐れないこと**です。イノベーションっていうのは失敗の上に生まれてくるものだと思っていて、エジソンも何万回も失敗して、「でも失敗じゃないんだ」と取り組みを継続したと聞きます。そういう試行錯誤を繰り返し、失敗を経験しないと、新しいことって生まれないと思っています。それはどちらかというと私の考え方というより当社共同創業者の小西やエンジニアの人たちが普段から言っていることでもあります。やっぱり経験とか失敗っていうのはとても価値があるものです。「これではできないということを発見した」というようなことも当社ではよくされています。後は、楽しくいること。当社は特にスタートアップということもあり、質的にも量的にも個人に委ねられている仕事が多いです。失敗も合わせて自己実現を楽しまないと続かないですね。

久野　おっしゃる通り、スタートアップは一人一人の役割も多いですよね。

長尾　本当は庶務などもメンバーにお願いできればいいのでしょうけれど、自分でやらないとなかなか終わらない。メンバーそれぞれが忙しい状況ですと、自分でやってしまうことが多く、時につらく感じることも正直あります。ただ、その時に楽しむことで乗り切れたりするんですよね。こういう状況の中では失敗するかもしれない「壁」のようなものに対しても前向きに楽しんで向かっていくことが大切だと感じます。時に社員には**「スタートアップっていうのは鋼鉄の壁に裸**

でぶつかるような、そういう戦いになる」というようなことを言っていますし、入社時面接などでも**投げ出さずに継続することが大事だ**ということは必ず言うようにしています。われわれのチャレンジの実現やイノベーションを起こすためには、強い意思を持って入社してもらうことが必要だと思っています。

核融合をインフラとして輸出し、エコシステムを構築する

久野　経営者として事業をしていると「WHYに立ち返る」ことってありますよね。なぜ長尾さんでないとダメなのか、なぜ長尾さんがここにいるのか。そのあたりのことを長尾さんご自身の言葉にするとどのようなものになるでしょうか。

長尾　そうですね。そもそも私がエネルギーに着目しているのは、エネルギー問題を解決する術は、世界的に紛争や戦争をなくす可能性のある切り札になると思っているからです。

過去に日本は戦争を経験していますが、あれは日本が枯渇するエネルギーを外国に求める以外に選択肢がなかったことも要因で、小資源国であったことも戦争の引き金になっていると考えています。そんな戦争を起こしてしまった日本だからこそ、しっかりとそこは取り組まなければいけないと思っています。核融合であれば無尽蔵にエネルギーを作ることができます。いわばエネルギー増幅装置みたいなものなので、世界から紛争や戦争をなくすためにも、日本がやるべきだと思っています。

また、私は今年で40歳になりますが、これまで「失われた30年」と言われ、世界的に低迷する（自信を失った）日本を生きてきた世代でもあります。その一方で、私は日本がとても好きですし、日本のよさや日本の強みみたいなものを世界に証明して行くことが自分たちの世代の一つの宿命だと思っているんですね。日本の技術力、強みを活かし、グローバルに戦っていくための橋渡しをしたいと言いますか。そうした、文脈で私が出した最後の結論が**「フュージョンエネルギー」**だったのです。

「フュージョンエネルギーを日本で実現する」

「フュージョンエネルギーをインフラとして輸出する」

その際にわれわれがフュージョンエネルギーのインフラ輸出をリードできる会社になって、日本のものづくりメーカーのみなさん何百社何千社と一緒になって、世界に通用する一つのフュージョンエネルギーのエコシステムを作ってみたいし、作らなければいけない。そこまでは自分の世代でやってしまいたいと思っています。また、フュージョンエネルギーは実は電気を作るだけではない使い方もあります。例えば海水から水を作ることや、空気中の二酸化炭素を固形化させること、水素を生成するであるとか、さらに発展すると核融合ロケットエンジンにも応用できる技術でもあります。そういうフュージョンエネルギーの応用については私の次の世代から頑張ってやってくれると信じています。なので、私の世代でやるべきことは核融合の実現、ならびに日本の産業立国を促進すること。ここまでやることが自分に課せられた使命ですね。

久野　長尾さんがやられてる理由は、まさにものづくり大国日本を再起させるためなんですね。

そのためにエネルギーに着目し、日本だからこそこれを世界の平和への貢献の礎としてもやらないといけないんだという強烈なメッセージをいただきました。これは長尾さんがいないと日本が立ち上がらないっていうぐらい、インパクトあるお話です。

長尾　フュージョンエネルギーのスタートアップは業界としてはまだまだ細い（小さい）。これからどんどんこの業界を太くしていき、人を呼び込まないといけないし、さまざまなメーカーも「フュージョンエネルギーは産業として成立するんだね」とか、「技術として着目するべきだね」というように日本の産業界を巻き込んでいくイメージで行かないと世界を取れないと思っています。

そのためにも自分がしっかりと業界全体のことを考えて動いていかなければいけない、そういう気概を持ってやっているつもりです。

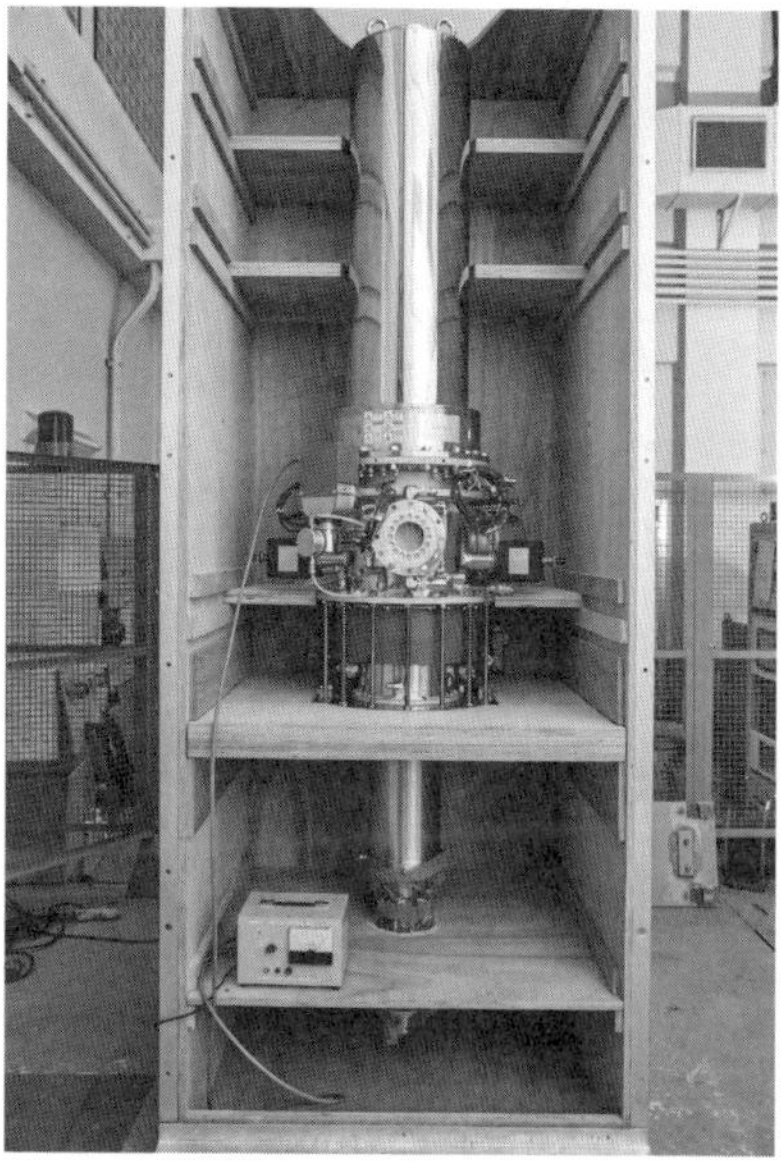

日本、そして世界を巻き込むフュージョンエネルギーのエコシステム構築を目指す

R&Dと装置ビジネスの両輪で事業を回す

久野　お話を聞いていると、長尾さんはまさに覚悟の人生を歩まれている感じですが、悩みなども

多いのではないでしょうか。

長尾　性格もあると思いますが、自分に対して完璧を求めてしまうところが悩みとしてありますね。メンタルのバランスや、あるいは仕事のクオリティに関しても、今のクオリティではダメだと突き詰めていくと、労働時間も多くなってしまって。労働時間が多くなればなるほどまた違う負の側面が出てきてしまう。例えばふとした時に言葉遣いが普段よりも厳しくなってしまったり、まだ経験の浅いスタッフが話しかけてきてくれたのに「それって違うんだよ」みたいな感じで切り返してしまうとか。完璧でいることはできないし、短期間で器が大きくなることも難しいので、そこは多少なりとも妥協が必要なのですが、その踏ん切りがつかない。それが自分の悩みです。

久野　スタートアップですから急拡大するとさまざまな変化がありますよね。完璧を求める長尾さんの個性と現場との間にバランスをとっていくのは大変なのかなと想像します。そのような時のコミュニケーションのコツがあるような気がするのですが、心掛けていることはありますか。

長尾　**素直にごめんって言うこと**です。私もそうですが、世の中、シリアルアントレプレナー（連続起業家）のように連続して複数の起業をされている人はもちろんいますが、ほとんどの人は初めて社長というものを経験しているのではないかと思います。社員から見ると頼りない社長に見える時もあると思うし、人間ですから間違えることもあるのは当然です。ですから、間違えた時は**素直に「ごめん、僕の考え方が間違ってました」**と謝るようにしています。あとは「**社員を信じる**」ということも大切ですね。

久野　素敵じゃないですか！　いい社長を目指されてることが伝わってきます。松下幸之助さんも

「素直」という言葉を大事にしていた一人です。経営者として突き詰めていくと、そういったところに行き着くものなのかもしれませんね。ただ、フュージョンエネルギーは長丁場になる事業です。投資家に対しても日頃からのコミュニケーションがあるからこそご理解をいただき、投資をしていただいていると思いますが、長期ビジョンの設定と現実の事業からの回収といったところは今どのように考えられていますか。

長尾　実は、投資家からも今の質問をされることが多いです。で、お話すると、「あ、そういうことなんだ」ってご納得いただくのですが、実は私たちのビジネスは核融合炉が出来上がってから商売が始まるわけではないんです。フュージョンエネルギーを作るための実験装置がさまざまあるので、その実験装置を対象にしてすでにビジネスをさせていただいている会社なんです。

例えばわかりやすく言うと、iPS細胞で薬ができたり臓器移植ができたりする時代はとても素晴らしい時代だと思いますが、そういうテーラーメード医療ができるよりも前にiPS細胞の研究をするために顕微鏡で見たり細胞培養する装置が必要だったりしますよね。

そういう装置を売らせていただくビジネスをしているので実は足元を見るとビジネスチャンスがすでにあって、比較的大きな金額を受注しています。R&D（研究開発）をやっていく話と売上につながる装置ビジネスの両輪を回すのが当社のモットーとしていることです。この堅牢性に対して実は投資家から評価をしていただいています。受注残も10億円以上あったりするのでそれなりに売上の立つ会社っていう説明をさせていただいています。

久野　そういうことなんですね。私は今すごく腹落ちしました。そう考えると創薬のベンチャーよりもはるかにビジネスがしやすいですね、フュージョンエネルギーは。

長尾　そうなんですよ。物を売れるので。

偶然の一致が強い動機づけになる

久野　最後にスタートアップを目指す人や、長尾さんを目指して御社に突撃してくる可能性があるような読者に何か残しておきたいコメントはありますか。

長尾　最近よくセレンディピティみたいなのを耳にしたり、目にしたりする機会が多いんですよね。シンクロニシティのような偶然の一致も合わせて。私もこの会社を始めていろいろな出会いに支えられてきました。それは投資家であったり従業員であったり、本当にいろいろですが……。

例えばこんな話があります。ある日、小西の家のポストに手書きの履歴書を入れてきた人がいました。その人はドイツ人で、日本語も話せず、質問しても全部英語で返ってくるような感じで、最初は正直戸惑いました。でも、「まあ、とりあえず一緒に働いてみようか」と。ただ、最初は業務委託として採用したのですが、ものすごく深く学び試行錯誤する人で、今や当社の技術のトップに近いところまで行っているんですよ。

久野　すごい採用のされ方ですね。

長尾　私もびっくりしました。でも後で聞いた話だとやっぱり宇宙物理学の博士を持っていたりして本当に天才だったんですよね。他にもいろいろな人がいますが、まあうちにはちょっと変わったストーリーを持っている人が多いんです。**偶然や運命みたいなものを信じる、信じないというのは人によって違いますが、信じてみた時には自分の中で強い動機づけになるんですよね。**自分がなぜそれをやるかというのは、自分でしか定義できないですが、意外とそういう偶然の一致みたいなものを信じてみると、強い自分になる気がします。起業するためにはとても強い覚悟が必要で、決断にあたって非常に悩まれる人が大半だと思います。でも、**自分がやりたいとか挑戦したいと思って活動している中でビビとつながってくるものがあれば、それを信じて正解**なんだと思うんですよ。一つそういうのを信じて**行動してみる勇気**を出してみるのがいいのかと。

久野　偶然から得られる必然性、contingency（コンティジェンシー）という言葉も最近よく耳にします。長尾さんのドリームキャッチャーの張り方、教えていただいたと思います。

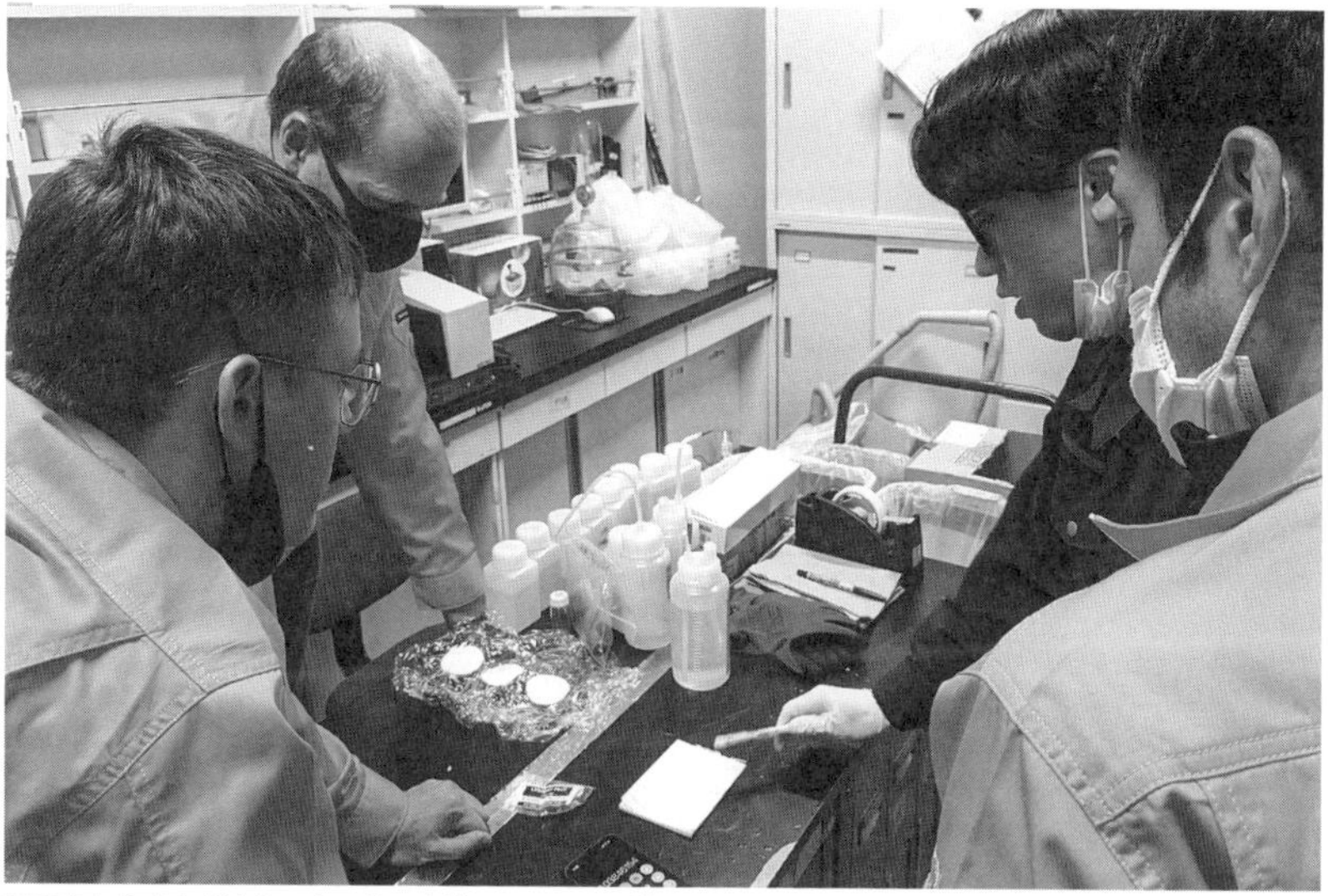

国内外からさまざまなストーリーを持つメンバーが集い、フュージョンエネルギーの実現を目指す

「all Japan」って言った瞬間にビジネスは死ぬ グローバルにチャレンジする環境を作れ

03

【宇宙／月面探査・資源開発】

ispace
代表取締役 **袴田武史**
はかまだ・たけし

ジョージア工科大学で修士号（航空宇宙工学）を取得。大学院時代は次世代航空宇宙システムの概念設計に携わる。その後、外資系経営コンサルティングファームを経て2010年より史上初の民間月面探査レースに参加する日本チーム「HAKUTO」を率いる。同時に、運営母体の組織を株式会社ispaceに変更し、現在は月面輸送を主とした民間宇宙ビジネスを推進中。

宇宙ビジネスは、未来の成長分野として注目されており、今、多くの起業家たちが参入しています。その中でも、株式会社ispaceの袴田武史さんは、世界的にも注目されている起業家の一人です。袴田さんは日本発の宇宙探査ビジネスを目指し、２０１０年にispaceを創業。月面の探査や開発に特化したスペーステクノロジー企業として、日本初の月面探査プログラム「HAKUTO-R」を率いています。

袴田さんが注目を集める理由は、同社が持つ独自の技術力とビジネスモデルにあります。同社が現在手掛けるのは、月着陸船および月面探査車の開発とペイロード輸送サービス※。さらに、月面からの

ペイロード輸送サービス
ペイロードとは、着陸船またはローバーに搭載可能な貨物のことで、ispaceでは月への輸送サービスを販売している。

資源採取ビジネスにも進出し、将来的には、月面からの水資源の採取を目指しています。袴田さんは、日本の宇宙ビジネスにおいて、常に新しいビジネスモデルを提案し、市場の拡大に貢献しています。彼の起業家精神やチャレンジ精神は、スタートアップを志す人々にとって、大きな刺激を与えてくれることでしょう。

スタートポイントは「宇宙船を作る」

久野　宇宙ビジネスは、これまでの産業とは異なる全く新しい可能性を秘めており、スタートアップを目指す起業家たちの中で注目を集める分野となっています。袴田さんがispaceを創業したころとはずいぶん景色が変わっていると思いますが、今の仕事にたどり着くまでにはどんな経過をたどってこられたのでしょうか。

袴田　いろいろ要因はあったとは思います。そもそも宇宙は一般的には非常に特殊なテーマであり、宇宙が本当に事業になるのかということはイメージがつかないですよね。

私が宇宙のテーマに取り組み始めた13年前はリアリティを持って考えられる人はほとんどいませんでした。当時私はアメリカのエンジニアリングスクール（大学院）にいたのですが、アメリカはこの分野で先行しており、**商業化が始まる兆しを感じた**んですよね。これから本格的に商業化が始まっていくだろうという雰囲気と言いますか。

周りを見たらエンジニアはたくさんいる環境でしたが、商業化する際は技術だけが重要なわけではなくて経営や資本が絶対必要となる。そこをやる人は実はいないという発想に至りました。私はどちらかというと一つの技術を掘り下げて研究するより、**自分の考え方や物事の見方でシステム全体を見ていくというのが好き**なので、今後、宇宙船が使われる環境を作っていきたいと考えて、今のispaceにたどり着きました。

久野　幅広くシステム全体を俯瞰する、システムインテグレーター的な仕事に興味があったわけですね。

袴田　大学院時代はこのシステム全体の仕組みを最適化する研究をしていました。自分がシステムを考えた時にハードウェアとかソフトウェアの技術的な機能を果たすシステムだけではなくて、その周りのシステムまで考えなければいけないんじゃないかと発展して考えるようになりました。つまり、宇宙船が活躍するための環境、宇宙船の周りを取り囲む仕組みまで考えなければいけないんじゃないかと、考えがどんどん広がっていったのです。

久野　アメリカの大学院でマスターを取りに行こうとしたのは、何か理由はあったのですか。

軽量化、小型化と信頼性に特化したSeries1ランダー

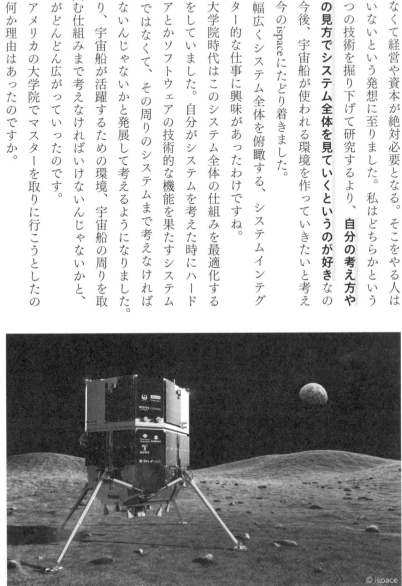

袴田　もともと大学は日本の航空宇宙工学科だったのですが、航空宇宙工学は総合学問で推進系、材料系、構造系やシステム系、ケミカルなどいろいろな専門領域が関わってきます。もちろんそこにはそれぞれの専門領域の研究室があって、学生はみな4年次になるとどこかの研究室に入って行くことになります。私の場合は、ちょっと気が早くて大学2年次ぐらいから研究室はどこがいいかと考え始めたのですが、その時、正直あまりピンと来る所がありませんでした。そんな時にシステムという考え方に出会い、これは面白いなと思ったのです。いろいろな領域を統合して最適化していくのが面白いと感じたんですね。

また、もともと宇宙船を作りたいというモチベーションがあったので、それぞれの専門分野を統合していかなければいけないという思いもありました。しかし、それをやる学問が日本国内ではなかったわけです。今は慶應義塾大学のＳＤＭ（慶應義塾大学大学院 システムデザイン・マネジメント研究科）などがありますが、当時はもちろんなくて、海外の大学院を見たらそのようなことを扱ってるところがあったので、英語が苦手にもかかわらず海外に行こうと決めました。

ビジネスアイデアの原点はスターウォーズ

久野　袴田さんのやりたいこと、**宇宙船を作るというところがスタートポイント**だったのですね。なぜ袴田さんはそんなにも宇宙船を作りたかったのでしょうか？

袴田　幼稚な話なのですが、**スターウォーズが好きだからです（笑）。**いつぐらいからかはあまり記憶がありませんが多分小学校3、4年生ぐらいの時だと思います。日曜洋画劇場などでやっていたのを見ていて、あの宇宙船かっこいいなって思ったのが始まります。

その時は、かなり衝撃的だったのは感覚として覚えています。やっぱりすごい魅了されてたんだと思います。その後、レゴブロックで自分で組み合わせてスターウォーズに出てくるような宇宙船っぽいのを作っていました。当時、レゴブロックにスターウォーズシリーズなんてなかったので、それこそ想像を膨らませて作っていましたね。

久野　10歳ぐらいの時に見たスターウォーズからずっと今まで来ているわけですから、相当な覚悟がその頃にできていたのではないでしょうか。

袴田　過去に関心を持たないタイプなのであまり記憶がなく、いつから将来的に仕事にしたいと思ったかは定かではありません。また、近くに起業家がいたなどはないですし、起業やリーダーシップなどにも関心のない人間でしたので起業家になろうという思いもありませんでした。ただ、頑固なほうだったのかもしれないです。**自分が好きなことに対して頑固だった**というか。

融合するところに新しい解が出てくる

久野　袴田さんの今のビジネスについてお話をお聞きしたいのですが、ispaceは宇宙探査にしても、資源採取にしても、日本の宇宙ビジネスの先頭集団を常に走っているイメージですが、袴田さんなりのアイデアを練る方法って何かお持ちなのでしょうか。

袴田　あまり特定の自分のやり方というのは持っていませんが、自分として少し意識していることは何点かあります。

一つはインターディシプリナリ※になるところを考えることです。一つの領域で突き詰めていっても今の世界はいろいろなことが究極まで突き詰められているので、その先の深掘りってなかなか難しいですが、さまざまな領域が**融合するところに新しい解が出てくると思っています。**

もう一つは、私はanalytical（分析的）な人間なのでロジックを組み立てていくのですが、ロジックを組む際に、トップレベルから分析したり、事例から分析したり、またそこを行き来するようなことが結構重要かなと思っています。

なぜかというと、いきなりトップレベルで分解していっても、そこで一定のロジックにとらわれてしまうケースもあるので、これがどういうことを意味するのかを考えつつ、いろいろな角度から考えていくようにします。あとは一晩寝かせるということですかね。

久野　自分の中で少し消化する時間を作りつつ、こうしたらいいんじゃないかと組み合わせてみたりと、常にそういう発想で動かれているのですね。

袴田　最終的に動くかどうかはまた別判断のところもありますが、そういうことを考えてはいますね。冒頭の話に戻りますが、やはり全体のシステムを俯瞰するというのが好きなので、何かを動かすにはどの要素を触ると動くのかということを考えたりするのが好きです。

久野　私も「イノベーションエコシステム」が好きなので、システム発想の素晴らしさがわかります。袴田さんもご自身の周辺を含めてシステムとして動かしていくっていうのを常にやられてい

インターディシプリナリ
多くの分野の専門知識や経験が必要な研究課題などにあたる時、さまざまな領域の学者や技術者が協力し合うこと。

るわけですから、まさにイノベーションエコシステムをご自身で作られているような状態ですよね。**システム発想って強いな**と思いますね、どこか**強靭な感じがします。**

方向性があっていればゴールにはたどり着ける

袴田　ええ、そうなんですよね。**すぐに壊れない**というのが結構大事かなと思っています。ちょっと話がずれてしまいますが、私はある程度システムとしての方向性が合っていれば、別に細かい部分での実行の心配をする必要はないと思っていて、あまりそこに自分自身が関与したいと思ってないんですね。経営上はいろいろ細かいところまできちんとやれ、面倒を見なさいっていうことはあるのですが、別に方向性があっていれば、やり方がさまざまであっても絶対ゴールにたどり着くので、「**トライアンドエラーでやっていけばいいんじゃないの**」というふうに思ってしまう節があります。

久野　そのような発想の仕方ってあまり聞いたことがないのですが、袴田さん独自のものなのでしょうか、それとも何かにインスパイアされたのですか。

袴田　システムとしてしっかりと一つの方向性が組み込まれていれば、結局そこに向かって最適化されていくという考え方です。いきなり最適解が出るとも限らないので、検索的に探索的な最適解を探して行くっていうのが近いですかね。数学的とも言いますか。こういったことは確かに考えたことがなかったですけれど、確かにそういう感じでやっていますね。

久野　すごいですね、おそらく袴田さんは**考えるよりも動いてる**って感じですね。今のお話の流れで、今の袴田さんを作り上げた肥やしになった本とか、この世界の中で袴田さんを作り上げた構成要素で一番役に立ったと言いますか、大事にしているようなものを教えて下さい。

袴田　実はあまりなくて。いろいろな人をところどころ参考にするっていうのが結構多いです。また、メンターみたいな存在もいません。ただ、自分の中で一番心の支えになっているというか、印象深いのは漫画になってしまいますが、『スラムダンク』ですね。主人公の桜木花道が所属するバスケ部の監督である安西先生の言葉で**「あきらめたらそこで試合終了ですよ」**というメッセージがあるんです。これが、自分の中では心に残っていて**あきらめずにやっていく**というベースを作ってくれました。心の支えになっているというか。

スタートアップはグローバルを目指せ

久野　袴田さんからチャレンジをしている（またはトライしようとしている）若い人へ応援メッセージを送るとしたらどんなことになるでしょうか？

袴田　自分はまだまだチャレンジャーの存在なので、あまり大きなことは言えませんが、**一つはあきらめないことが重要**だと思います。ただ闇雲にあきらめなければいいのかというとそういうわけではないと思うのですが。**本当に自分ができると信じる、やりたいと信じるものについては絶対にあきらめずにやる。それだけの決意を持ってやるべきだ**と思います。それこそスタートアップあるあるの話ですけれど、**やめなかった者が最終的に勝つ。**安西監督のあの言葉と同じ、**やり続けるっていうことは重要**なのかなというふうに思います。

それから、今の時代、せっかく起業するのであれば自社の成長利益を最大化させるというのはもちろん必要だと思いますが、それと共に**事業がどういう社会を作っていくのか（システムとして）というところまで考えて、全体感を持ちながらやっていく**のがいいと思います。

そうすると、**事業拡大していこうとする時にどうしてもグローバルにやらざるを得ない**ことが出てきます。そうした時に**グローバルにできる環境にチャレンジしていかないといけないと思います。**

完全にローカルでやることもできなくはないですが、多くのケースはやはりグローバルに行かざるを得ないのかなという気がします。

その時に日本で考えなければいけないこと、これはシステム的な発想で、辛辣な言い方かもしれないですけれど「**all Japanって言った瞬間に死ぬ**」と思ってます。

もちろん日本にもいろいろなアセットがあるので、使えるものは使っていくという考え方が必要です。ただ**日本のアセットだけでやったら必ず負ける**と思います。国外にはもっとよい要素がありますし、海外勢は海外のアセットを使って競争してきます。日本の何かしらの能力を使っていくというのは日本から世界に出ていくという意味では利用したほうがいいと思いますが、全部を日本で仕上げようとしないほうがいいと思っています。

世界の最適な人材や技術といったリソースをうまく融合して世界で勝てる事業を作っていくこ

とにチャレンジしたほうが絶対いい。日本だけじゃなくて世界の全人類に対して価値のある事業を日本人がチャレンジして実現できれば、それは日本人として、日本国としても、すごく誇るべきことなのかなというふうに思います。そういった活動や事業を日本政府も後押ししてあげて欲しい。国産でなければいけないとか言わず、国内の税収だけを考えずに海外で売上を上げるために日本で生産力を高めたほうが、最終的には日本の国富としても拡大していくでしょうから。ぜひそういう広い心を持って支援するといいかなと思います。

久野　袴田さんは日本の産業のことも考えてくださっているのですね。

袴田　一応日本人ですし、やはり豊かな国であって欲しいと思うので。

多様性があるからこそ面白い

久野　袴田さんが立ち上げた2040年ビジョン、その時代に月で人が街づくりを始めるというのは面白い未来をすでにお持ちなのだなと感動しています。アポロ計画以降、人類は月への関心が薄れたわけではなかったと思うのですが、このような具体的なビジョンを掲げる人はいなかった。私はそういうビジョンに共感します。

袴田　われわれの仕事は、**その時間軸を短くすること**だと思っています。時間を考えなければたぶん誰かがそれは実現していくと思うんですね。でも100年後かもしれない。それをわれわれとしては2040年代に実現できるようにするということをやっていきたい。

久野　今はそういう意味では社長業も事業もいろいろ幅が広がる感じでしょうか。これから人が増えてくるでしょうし、多様性のある会社になっていると思うのですが。

袴田　そうですね、非常に多様性があるので面白いです。また、この多様性が重要だと思ってます。それが新しい会社の文化を作っていくと思うので。大変なのだけれどもそれが心地よいですし、競争という側面で言うと海外の企業がその多様性を使ってさらに上のことをやってくるので、それをわれわれも使えるようにしないと一緒に戦えないですよね。なのでもうやらざるを得ないっていうことだと思っています。

久野　私も日本が世界のコラボレーターとして選ばれるようになるためにグローバルで活躍できる環境を作っておかないと相手にしてくれないと考えます。

世界が日本人の声を求めている

袴田　私は、結構、日本人は恵まれてるポジションにいるのかなと思っています。今まで声を上げる日本人がほとんどいなかったのでみんな声を聞きたがっているんですよ。だからある程度現場に行ってしっかりした発言をすれば結構話を聞いてくれて、仲間に入れてもらえるのだと思います。私もアメリカで高官たちともすぐに会えますし、やはりみんな聞きたいんですよね、日本人が何を考えているのかということを。

久野　袴田さんがＮＨＫにたびたび出演されているのを拝見していますが、日本人として正面から対応される姿が本当にカッコいいなと思います。これまであまり日本人がそういったスタートアップ業界に積極的に出ていかなかったっていうところがかえって今、日の目を見て珍しがられているのですね。**むしろ日本人の話を聞きたい**というふうに。

袴田　はい、今、世界では日本人プレミアムがついてるので、自分たちがそれを崩さないようにしなければいけないのですが、**日本人は基本的には能力を持っていると思うのでやればできるんだと思います。**

久野　ネットワークを作ってそれを活かすというところにまだまだ日本人はチャレンジしていないなと思ってます。袴田さんの足跡がこの本を読んでくれる人の参考になって、ああそういう考え方で**グローバルに出て活躍してるんだなあっていうことがわかれば、勇気になりますね。**

袴田　どんどんそういう人たちが出てくると日本もまた豊かになると思います。

ミッションコントロールセンター。ランダー等の宇宙機を地球から操縦するための司令室

人類にとって普遍的な価値とは何かを考えよ

04

【素材／新世代バイオ素材】

Spiber
取締役兼代表執行役 関山和秀
せきやま・かずひで

2001年4月に慶應義塾大学環境情報学部に入学。同年9月より慶應義塾大学先端生命研究所（先端研）で所長を務める冨田勝研究室に所属。2002年より鶴岡市の先端研に拠点を移し、クモ糸人工合成の研究に携わる。2007年9月、博士課程在籍中に学生時代の仲間とSpiberを設立。現在に至る。

Spiber株式会社の取締役兼代表執行役である関山和秀さんは、持続可能な社会の実現に向けた新しい素材開発に取り組む起業家の一人です。

Spiberは、クモの糸から着想を得て設計されたタンパク質素材の開発に成功し、同素材はすでに採用実績のあるアパレルや化粧品分野をはじめ、人工毛髪、人工肉、輸送機器などさまざまな分野への応用が期待されています。

同素材は、従来の石油由来の合成繊維や動物繊維に比べ、素材設計の自由度が高く、例えば、さまざまな環境リスクが問題視されているカシミヤ繊維と比較した場合、温室効果ガス排出量の大幅な削減が期待できます。

また、素材自体は生分解性を有するため、最終製品の設計によっては石油由来製品によるマイクロプラスチック排出の課題解決への貢献が見込めるなど、従来の動物由来、植物由来、合成素材に代わるソリューションを提供し得る次世代の素材として、多方面から注目されています。

さらに、環境問題や資源の枯渇といった社会課題に取り組むことで、世界中の人々に持続可能な生活を提供することを目指す同社は、新しい素材を開発するだけではなく、持続可能なサプライチェーンの構築や、社会貢献活動にも積極的に取り組んでいます。

関山さんは、スタートアップ起業家たちにとって、環境負荷の低減や社会課題解決に挑戦する上でのよいお手本となる人物だと言えるでしょう。

宇宙全体から考えると自分の成し遂げられることはちっぽけなこと

久野　Spiberは新しい技術や製品の開発に挑戦しながらも、社会課題解決に向けた取り組みに注力することが、企業や社会の持続可能性を高めることにつながるということを実証している企業だと思うのですが、そんなSpiberを引っ張っていく関山さんの人生観や起業家人生のスタートポイントについてお聞きしてもいいですか？

関山　私の人生観については中学3年と高校1年の出来事が深く関係しています。私は慶應義塾大学出身ですが、いわゆるお受験で慶應義塾幼稚舎に入学しました。当然そこには私の意思などはなく。ちなみに、受験させた両親でさえ、全く受かるなんて考えていなかったようです。本当にたまたま入れてしまった感じで、小学校の頃は成績が下から片手で数えるぐらいの順位にいるような子どもでした。

ですから、幼稚園から小学校、中学校は私にとってそんなに楽しいものではなくて、常に人生を生きる意味みたいなことについて考えるようなところがありました。

そして、中学校3年生の時に「自分の人生に本質的な意味などはない」みたいなことを感じ取ったのです。

久野　本質的な意味ですか?

関山　自分がどんな人生を送ろうが、何を成し遂げようが、または何かを成し遂げられなくても、この宇宙の歴史とか、そういうスケールで考えたら誤差だなと。

であれば、別に今死んでも寿命まで生きても同じことなわけで……。生きていてもいいなと思える状態を維持できないのであれば、それこそ本当に生きている意味がない。今から思えば、それはウェルビーイング※みたいな状態ですね。なので自分のウェルビーイングの持続可能性を高めるという観点で、その期待値を最大化できそうなことに自分の時間を使うというのが非常に合理的だと思ったのです。

久野　なるほど、14歳での悟りですね。

関山　自分自身のウェルビーイングはコミュニティの中で生活していく以上、そのコミュニティからの影響をすさまじく受けるわけです。

ウェルビーイング
身体的・精神的・社会的に良好な状態にあることを意味する概念で、「幸福」と翻訳されることも多い。

そのコミュニティにとって自分がすごく役に立つ存在だと思ってもらえれば、自分のウェルビーイングの持続可能性が高まるはずです。つまり、自分が所属しているコミュニティに対して自分の時間だったり、リソースだったりを使って、いかに価値があると思ってもらえるようなことに集中できるか。それが結局自分の幸せやウェルビーイングにつながるんだなと思ったのです。だから、自分の時間をそういうところに使おうと中学3年生の私は考えていました。

もちろん、それから成長している部分はありますが、根本的な考え方みたいなところはこの時に結構固まったように思います。

人類の普遍的な価値に一番貢献できそうなことに自分の時間を使う

久野 では、高校1年生の時の出来事とはどんなことですか？

関山 はい。高校1年の時に学校でＮＨＫスペシャルを見る授業があったのですが、そこで取り上げられた回がたまたまルワンダのジェノサイドに関するドキュメンタリーでして、それにかなりの衝撃を受けました。

１００日ぐらいの間に80万人とか１００万人が虐殺される。それが１９９４年でしたから、自分が小学生で普通に不自由もなく暮らしていた時に地球の別の場所ではこんなことが起きていたということがショックでなりませんでした。

女性や子ども関係なく、ただただ虐殺されていく人たちの映像。それを見せられて少なくともこんなことが自分自身や自分の大切な人たちの人生に起こったらどう考えても耐えられないだろうと。その時、**人類にとっての普遍的な価値があるとすれば、それは平和なんじゃないか、と思った**のです。

当時人類の人口は60億人ぐらいだったと思うのですが、今は80億人を突破し、２０５０年頃には１００億人ぐらいになると言われています。先進地域の人口はせいぜい15％程度で、残りの85％は新興地域や発展途上地域、貧困地域の人たちです。資源の一人当たりの消費でいうと先進国の人たちが発展途上の人たちの数倍多い計算になります。

新興地域や途上地域の人たちに、地球の資源の問題で今の生活を維持し続けてくださいというのは普通に考えて成立しないわけで、高校生ながらこれは相当に大変なことだと感じました。世界の85％の人たちの消費がこれから数倍に増えていくわけで、ただでさえ「石油が足りない」とか「水が足りない」とか言われている中で、このままいくと**限られた資源**の奪い合いになってしまう。結局は**資源枯渇に対する人々の不安こそが戦争や紛争という状況を作り出す本質的な原因**だと思ったのです。

「自分達が持ってるものが誰かに奪われてしまうんじゃないか」とか「脅かされるんじゃないか」とか「足りなくなっちゃうから、自分たちが誰かに先を越される前に確保しておかなきゃいけないんじゃないか」とかいうことをみんな不安に思っている。

そのような限られた資源を奪い合わなければならなくなるリスクが高まっていく状況において、人類が本当にやらなければいけないことって何だろうと考えた時に、「まずエネルギーを無尽蔵に手に入れるような仕組みを作らないといけない、これが今一番やるべきことなんじゃないか」と、そういう思いに至りました。

エネルギーがあれば食べ物の供給もある意味できますし、水の供給もできます。エネルギーを無尽蔵に作れるような技術開発がとにかく必要。それに対して今あるリソースを最大限使って開発を進めるべきではないか。

例えば、日本政府は国民の資産を全部使って核融合の研究開発に投資することを国として決めて、それができるまではみんなひもじい思いをしながらでも全国民のリソースをそこに費やす。それを実現するには30年や50年かかるとしてもやる。そして、できた技術を世界に無償で供給すれば、ものすごく尊敬される国になるだろうなと。なんでそういうことをしないのかな、なんてことを、特に高校生の頃は思っていました。

久野　そういう革命的な発想を高校生の頃からお持ちなのですね。一種の革命を起こすぐらいのことを今やらないでいつやる、後の世界のことを想い、ひもじい思いをしながらでもやる、やり遂げるべきという発想は実に面白いですね。

関山　**やりがいがあるじゃないですか、そんなビジョンだったら、みんなも頑張れる気がする。**確かに自分の代ではできないかもしれないけれど、2世代か3世代が頑張ってやってそれが本当に完成したら世界から一目置かれる国になれるのにと思っていました。

そういうことをやると大々的に国家として発信すれば、それに向けて志のある人たちが世界中からどんどん集まってくる、そして国を越えたプロジェクトになる、とも思うんですよね。

久野　高度な技術を持った人材が世界から集まってくる仕掛け作りですね。

世界を救うキーテクノロジーに出合う

久野　そんな関山青年が新世代バイオ素材に出合うきっかけはどういったことだったのでしょうか？

関山　自分の学力にはとにかく自信がなかったので、核融合研究で世界を救う「何か」をやるなんてなかなか難しいのかなと思い、自分に何ができるのか考え続けていましたが、結局、高校3年生の夏になってもこれだというテーマが見つからなかった。そんな中で、慶應義塾大学湘南藤沢キャンパスの冨田勝教授※の話を聞く機会があったんです。

それは、バイオサイエンスとコンピューターサイエンスの融合領域から生まれる新技術がエネルギー問題とか環境問題とか食糧問題とか人類規模の課題を解決していくキーテクノロジーになるというお話で、とにかく冨田先生が熱く語られていたのを覚えています。

そのお話の中で、最先端の研究所が2001年、私が高校3年生の時は2000年でしたから、翌年に山形県鶴岡市にできると聞いたのです。

そこでは大学1年生から研究室に入って最先端の研究ができ、しかも文系の学生でも研究室に入れると。

それを聞いた私は「絶対に冨田研に入る」と心に誓いました。

冨田勝教授
医学博士、工学博士。慶應義塾大学環境情報学部学部長、慶應義塾大学先端生命科学研究所所長を歴任して、慶應義塾大学名誉教授、鶴岡サイエンスパーク代表理事を務める。慶應義塾大学先端生命科学研究所では、最先端のバイオテクノロジー研究を主導したほか、研究成果を地域振興につなげる形で事業化させ、研究所発のベンチャー企業の創業を後押ししてきた人物。

創業当初の写真。左から二番目が冨田教授、3番目が関山氏

とはいえ、私は成績が悪かったですし、まずは冨田先生と仲良くなろうと思って、話が終わった後に先生のところに行って「感動しました！」「ちょっと駅までカバンを持たせてください」と言ってカバン持ちをさせてもらいました。

そこで「冨田研究室行ってみたいです」とお話しし、「いつだったらお時間を取ってもらえますか」とお願いしたわけです。

冨田先生も快く時間を作ってくださって、後日、研究室やキャンパス内を丁寧に案内してくださいました。

そこでまた感動して、そこから「本当にこんなに勉強したことがない」というぐらいすごく勉強して、なんとかギリギリで環境情報学部に入れる成績が取れ、無事、冨田研に入ることができました。

人類にとってどういう事をやると価値につながるのかを考える

久野　なるほど。お話ししていて思いますが、人生観やビジョンに基づく行動力には強さがありますね。そこでお聞きしたいのですが、関山さんが何かを成し遂げようとする時、いつもどんな形で考え、判断しているのですか。

関山　私は、自分が**腹落ちしていないことに対しては取り組めないという性格**で、昔から学校の勉強などもとことんやらないというか、やれなかったんですね。もう拒否反応ではないですけれど、やる気が本当に起きなかった。当然、成績も悪くて。自分でこれをやりたいと思ったらもちろんやるのですが、**人にこれをやりなさいと言われてその意味が自分の中で納得できなかったりすると全くできないという性格**なのです。

久野　関山さんはMeaningfulな（意味のある、意義を感じる）ことに対してはものすごいエネルギーを発揮するタイプなのでしょうね。これは自分の運命だとかこれは自分しかできないとか、自分がやるべきだとか思えると力が湧いてくるのでしょう。

関山　自分が興味のあるものに対しての集中力はあるほうだと思います。結構時間を忘れて没頭するタイプなので。ただ本当に興味が持てないことに対しては集中できないですね。

久野　起業家らしいなって思います。「ＷＨＹ、なぜ」って尋ねることってすごく大事ですね。それに正直に反応する能力がすごいですし、それに反応できる人は少ないと思います。

関山　やはり、**人類にとってどういうことをやると、今、本当に役に立てるのかとか、今、自分たちが取り組んでいることと世の中の新たな出来事を組み合わせたらどんなことができるかなとか、そういうことを常に考えているタイプの人は起業家向きだと思います。**

久野　視点が未来視点ですね。未来からの視点、バックキャスト的な発想の持ち主で常に人類視点ですね。地球の外から見てるような雰囲気があります。

関山　人類視点であることは間違いないですね。そう言われてみれば、個人視点ではあまり考えないですね。

久野　では、悩みというものに対してどういうふうに対処されているのでしょうか。

関山　悩みはないですね。そのようなことは中学生ぐらいの頃からもうほとんどなくなりました。不安に思ったり恐怖心みたいなものはもちろん人並みにあるとは思います。事業を行っていると、相当いろいろなことを経験しますから、その過程で気持ちをコントロールするスキルは相当程度身についたと思います。

久野　精神的にもポジティブで常に周りにもいい影響を与えていけますね。

関山　そうですね、私が悩んでしまうとたぶんみんなにもマイナスな影響を与えてしまうと思いますし。

久野　会社の雰囲気はどんな感じですか。

関山　やはりポジティブな人が多いと思います。特に初期の頃から一緒にやっているようなメンバーは本当にいろいろなことを一緒に乗り越えて来ています。いいことだけじゃなくて大変なこともある。みんな腹が据わっているというか、大変なことがあっても、「まあそういうことはあるよね」みたいな感じのマインドセットになっているのかなと思います。

久野　人脈構築やネットワーク構築には何かポイントがありますか。コミュニティで人とどうつながっていくかとか。コラボ相手探しの極意だとかあればお聞きしたいです。

関山　表面的なコミュニケーションは長続きしないと思うので、まずは自分たちが一緒にやらせていただきたいと心底思えるかどうかということがポイントだと考えています。

私はパーティーみたいなところとかすごく苦手で、ネットワーク的なお付き合いも得意ではありません。ですからSNSもやっていないです。

人間関係においては、お互いにとって価値を感じられる関係性が大切だと思っているので、「この人だったら絶対にそういう関係が築けるんじゃない

Spiber本社のオフィス棟と隣接する発酵・精製プロセスを行うパイロットプラントの空撮（画像提供SPJV）

か」と、いろいろなところでアンテナに引っかかったら全力でアプローチします。

久野 本質をついてると思いますね。関山さんはおそらく人を見る目、洞察力や直感に基づく行動力がずば抜けていらっしゃるのではないでしょうか。

勇気を持って面白そうな道を歩むのがイノベーター

久野 最後に、関山さんにとって、イノベーションを生み出していく、イノベーターマインドとはどういうものかをお聞きしたいのですが、いかがでしょう。

関山 自分の基準で生きる、ということでしょうか。人の基準で生きない、というか。他の人たちがもうすでにやってることをやっても大きなインパクトは生み出せませんよね。

誰もできてないこと、まだ誰もやっていないこと。自分たちがそれをやることによって新しい何かが開けるということが、結果として自分が所属しているコミュニティに対してすごく大きな価値をもたらす。

また、それが自分自身だったり自分の家族だったり自分の周りの人たちのウェルビーイングに大きく寄与することにつながる。

二番煎じ的なことをやってもあまり大きなインパクトにはならない。宇宙の歴史から見たら、いずれにしても誤差だと思いますので、自分にとって面白そうなほうを選択していったらよいのではないかと思います。

世界初でなければ
イノベーションではない

05

【アグリ／世界初の密閉式栽培装置】

PLANTX

会長 **山田眞次郎**《やまだ・しんじろう》

博士（工学）1974年青山学院大学大卒業後、三井金属入社。17年間勤続し米国デトロイト支店長を経て、1990年40歳の時に株式会社インクスを創業し、代表取締役CEOに就任。45日かかる携帯電話の金型製作工程を45時間に短縮することに成功。2000年小渕恵三首相の私的諮問機関「ものづくり懇談会」のメンバーに就任。2007年インクス売上180億円、従業員1400名を抱えるまで成長するも、2009年60歳の時に民事再生適用。2014年64歳の時に株式会社PLANTXを創業。世界初となる密閉式人工光型植物栽培装置を開発。県立広島大学MBA客員教授。

株式会社PLANTXの会長の山田眞次郎さんは、従来45日かかった携帯電話の製作工程を45時間に短縮した株式会社インクスを立ち上げた有名な起業家としても知られています。

山田さんは起業家としての経歴の中で、60歳の時にリーマンショックによる自己破産も経験していますが、それでもあきらめずに次の挑戦に取り組み、今ではPLANTXの会長として、再び革新的な技術を生み出しています。

PLANTXでは、世界初の密閉式栽培装置を開発。山田さんは植物工場を植物生産する場と考え、ファクトリーならぬプラントリーと命名しました。

２００８年にＦＡＯ（国際連合食糧農業機関）が「２０５０年、地球の人口は１００億人に。食糧１・７倍必要」と発表しました。そのような中で、現在水資源の70％は農業用水として使われており、すでに水不足は深刻な問題です。もうこれ以上水資源を農業には使えません。

PLANTXは、残り27年間で、食糧不足、水不足の２つの問題を解決しようとの思いで、新たな植物生産技術を開発しました。この技術は、既存の農業に比べて土地利用効率や水利用効率が格段に優れています。都市や、農地に向いていない土地でも、植物を生産できるようになるのです。

気温や水温などの20種類の環境パラメータを、「個別に、精緻に」制御することで、植物に含まれる栄養素の含有量も制御できる上に、このシステムは、天候や季節の影響を受けずに、一定の品質の植物を、毎日、生産することを可能にします。このような山田さんの取り組みは、世界の食糧生産を担う新しいプラットフォームとして、農業の未来を変える可能性があると注目されており、さらには環境条件をコントロールすることにより植物が潜在的に持つ力を引き出し、これまでにないインパクトのある新しい商品も生み出されると見込まれています。

山田さんの起業家精神や、製造業界で培った経験を活かし、新しい分野にチャレンジしている姿勢は、多くの起業家にとって手本となることでしょう。

歴史ある産業から未来のある産業へ

久野　山田さんの稀有な経験は、スタートアップを目指す上で多くの教訓を与えてくれます。起業家は、失敗を恐れずに次々と新しい挑戦を繰り返し、過去の失敗を糧にして成長していく必要がありますが、革新的な技術を生み出すためには、常に新しいアイデアを探求し、思考し、挑戦し続けなければなりません。

そこで、まずはどのようにして世界初の密閉式の栽培装置のアイデアにたどり着いたのか、そのあたりの話からお聞きしてもいいですか。

山田　僕は、１９９０年、40歳でインクスという金型の会社を起業しました。インクスは順調に成長し、２００７年の売上は１８０億円になっています。利益も初年度から17年間、毎年黒字でした。新築の新丸ビルの最上階を含む3フロアに入居していたほどですからね。

ところが、２００８年にリーマンショックで売上が激減しました。そこで、新丸ビルの家賃はとても高いため、引っ越しをしようと思ったら、事務所の契約が定期借家契約だったのです。結局、出るに出られない状態となり、民事再生を決断しました。

銀行はインクスの継続は認めるが、僕の社長継続は認めないということで、２０１０年1月に、自分で創った会社をクビになりました。

インクスは、今も名前を変えて残っています。

久野　リーマンショックがなかったらPLANTXにはたどり着けていなかったかもしれませんね。

山田　そういう意味では、僕の人生においてインクスは一つの過程だったのだと思います。金型は歴史が古い産業ですが、植物工場は、農業を変えるかもしれない生まれたばかりの未来の産業です。やっとライフワークに出会えたと感じています。

僕は、常に、世界初・世界一を目指すのが好きなんです。インクスをクビになった後、製造業の次の産業が何かないかなと思って、2010年6月から、植物の研究を始めたのです。

久野 PLANTXの植物工場は山田さんのアイデアですか?

山田 いや違います。植物工場自体は以前からある取り組みです。

今から食糧が大切になるなとの思いから僕が研究を始めたのは、最初は小型の家庭用の植物栽培装置でした。装置を試作してみて、6か月くらい実験をしましたが、植物がうまく育たず、あきらめていました。その後、2年ほどかけて、慶応義塾大学の井関利明先生と共著で『思考』(学研プラス)という本を書き上げました。

ちょうどそのころに、友人から、「本格的な植物工場を見学に行くけど、一緒に行かない?」と誘われて、ついて行きました。実物をみたら、もうびっくりでした。「大型の植物工場ができてるじゃないか!」って。

PLANTXの「植物工場」とは、閉鎖式の「人工光型植物工場」を指す

その時、初めて植物工場を見ました。私はその場で、ご案内いただいた先生に「私に、植物工場を教えてください」と頼み込みました。そしてその先生に、著書の『思考』をお渡して帰ると後日、「教えましょう」とメールをいただいたのです。

それから、長男の山田耕資と、インクス時代からの仲間を含む3人とを誘い、勉強会を始めました。そして、勉強会を始めてから数か月後に、PLANTXを設立しました。

創設者全員が取締役で、社長は山田耕資です。

久野　出会いですね。

山田　植物工場は、日本が世界をリードしてきた技術です。日本では、私の知る限り、1970年代には植物工場の研究が始まっています。その後、1990年代など、何回かのブームを経て、2010年頃から大きなブームがきました。日本でのブームも大きく影響していると思いますが、2013年頃からは、世界各地でも本格的に植物工場が注目されるようになり、多くのスタートアップも出てきています。

そのように世界中で一斉に植物工場ブームが始まりましたが、まだまだ課題も多く、その多くは、あまりうまくいっていません。撤退する企業も多く出ています。

新しくできる産業は5人いれば充分

久野　多くの企業が撤退するなかで、どうしてPLANTXはやれたのでしょうか？

山田　インクスの時も5人で起業しました。PLANTXも5人からです。**開発の初期は、そんなにお金もかからないし、私は、違う機能をもった優秀な5人が集まれば十分だと思っています。**ただし、大企業の一流のエンジニアにも負けないような優秀な人たちであることが大切です。

新しい事業を起こすには、確立された組織はむしろ邪魔をするとも思います。装置の開発者は都心にいて、工場や運営する人は地方というのでは、うまくいかないと思います。

PLANTXは、5人だけで、最初の2年でソフトを、次の2年でハードの原型を開発しました。自分自身で開発したソフトとハードを使って、自分たちでたねを蒔き、収穫し、生産した野菜を市場で販売することまでしていました。開発から、工場運営、販売まで、全てを自分たちの手で造り、目で見るのです。

その経験から、一人一人の中に、どれだけの知識が蓄積されるかわかりますよね。僕自身も、野菜を運んだこともありますよ。

久野　研究者やエンジニアが、現地に入ってシステムとして植物工場を見ないからわからなくなってしまうというところがあるのでしょうか?

山田　はい。植物工場は、植物の成長というサイエンスの要素と、栽培装置というエンジニアリングの要素の融合で成り立っています。農学に詳しい人はエンジニアリングには詳しくない。エンジニアは農学を知らない。サイエンスとエンジニアリングの両方の知識を学び融合しないと、植物工場の開発はできないと思います。

知識を学ぶだけではダメで、自分たちが開発した装置の中で、植物がどんな反応をし、どんな植物が市場で受け入れられるかまでも実際に体験し、経験から学ぶことが大切だと思っています。

どうして自分ならできるのか?を問う

久野 起業家が大切にしたい思想のようなものについてはどのように考えていますか?

山田 僕が事業を起こす時に大切にしているのは、第1義は「何のために?」を考えることです。PLANTXの場合は「地球の食糧問題と水不足問題を同時に解決するため」でした。第2義は「何を?」です。PLANTXで言えば、第1義を解決するために「新たな植物生産産業を創出する」でした。ここまでは、誰でも言えることです。

難しいのは、第3義の**「なぜ、自分ならそれができるのか?」**です。僕は、一流エンジニアを集めて農学を学び、全てを自分たちの手で開発すれば、そんな人材は世界にまだいないし、世界初になれると思いました。

僕の場合、「誰に?」「何を?」「いくらで売るか?」というビジネスを考えるのは、その後です。開発しながら考えていきます。

僕は、**企業は利益が「目的」になってはいけない**と思っています。しかし、利益は重要です。どんなに第1義、第2義が立派でも、利益が出なければ、そのよい行いを継続的に続けられないからです。利益は、よいことを続けるための「手段」です。

久野 イシューから入るということですね。年齢も関係ないって感じですよね。

山田　僕は40歳まで三井金属に努めていました。いわゆるサラリーマンです。そして、40歳でインクスを起業し、60歳で民事再生して、無職、無一文になりました。64歳で、またPLANTXを起業し、現在は73歳です。無一文でも、何歳からでも起業はできると思います。

久野　これはエールですね、起業家になるのに年齢は関係ないと。

山田　ヘンリーフォードも40歳で起業し、10年後には、「T型フォード」を月に2万台生産しています。1世紀も前にそれをやっているんですよ。それは「みんな起業しろよ」と思いますね。

久野　マインドがとにかくタフですよね。落ち込むようなことはないのですか。

山田　悩むことありますよ。でも、何回か乗り越えて悟ったんです。「最後はみんな墓の中」。これは僕が思いついた言葉です。悩みとか不安は、死んだ瞬間に消えるわけですよ。人間は「ああなったらどうしよう、こうなったらどうしよう」と起きもしないことを悩むんですよね。僕は民事再生になって大変だなと落ち込みましたが、ちゃんと生きています。何が起きても死にはしない。だから、何か起きてから考えればいい。何が起きても大丈夫。

とはいえ、楽天主義であるわけではなくて、実はガラスの心臓で、ものすごく繊細なんです。僕は、これまで多くの総理大臣や大企業の社長と会いましたが、一人として大胆不敵、豪気みたいな人はいませんでした。トップは、みなさんものすごく繊細です。

人生を変えたミーニングノート

久野　いろいろな社長とお会いになったという話が出たところで、山田さんのネットワーク構築術について教えてください。

山田　「人との縁」を大切にすることを意識しています。植物工場について教えていただいた先生との出会いも縁ですよね。その出会いがなかったら、今はありません。大切な縁を、逃さずつかむことが大切です。

僕がインクスをクビになって2年くらい経った時から、次女の山田智恵の勧めで「ミーニングノート」というものを書き始めました。民事再生で、次女の智恵も、一緒にインクスをクビになりました。父は個人破綻、一家全員無職の状態でした。智恵も思い詰めた中で、これまで、自分はどれだけのチャンスを逃してきたのだろうかと思ったそうです。そこで「今日のチャンスを3つ書いてみよう」と始めたのが、後に智恵が出版した「ミーニングノート」の原点です。

そのようなことから、ある日、智恵がモレスキンの手帳をくれて、**「お父さん、今日から、このノートに、その日に感じたチャンスを3つ書いて」**と言ってきました。それから毎日、欠かさず、「今日の3つのチャンス」を書き始めたのです。これによって、チャンスを逃さなくなりました。毎日、目の前の出来事を、「これは今日の3つチャンスになるかな？」って見るようになりましたからね。

ミーニングノートを書き始めて、2年くらい経った時、智恵に、「最初に拾ったワラが御殿になるわらしべ長者の話があるでしょ。お父さんのわらしべは誰？」と聞かれました。

インクス時代は、7万人の名刺がありました。インクス時代の知り合いで、今お付き合いしているのは14人です。

このノートの最初に書いてあるのは、14人のうちの一人であるドコモの元副社長である辻村清行さんという人です。倒産した3年後ぐらいに、10年以上会っていなかった辻村さんから「私のセミナーで、講演しないか」って声を掛けてくれたのです。そのセミナーで名刺交換をした大企業の経営企画の部長さんに、インクスをクビになってから初めての仕事をいただきました。

PLANTXに最初に投資をしてくれたリアルテック・ファンドの丸幸弘氏も辻村さんの紹介です。このミーニングノートを見ると、PLANTXの資金調達も顧客開拓も、辻村さんを起点とした数人との縁でつながっている

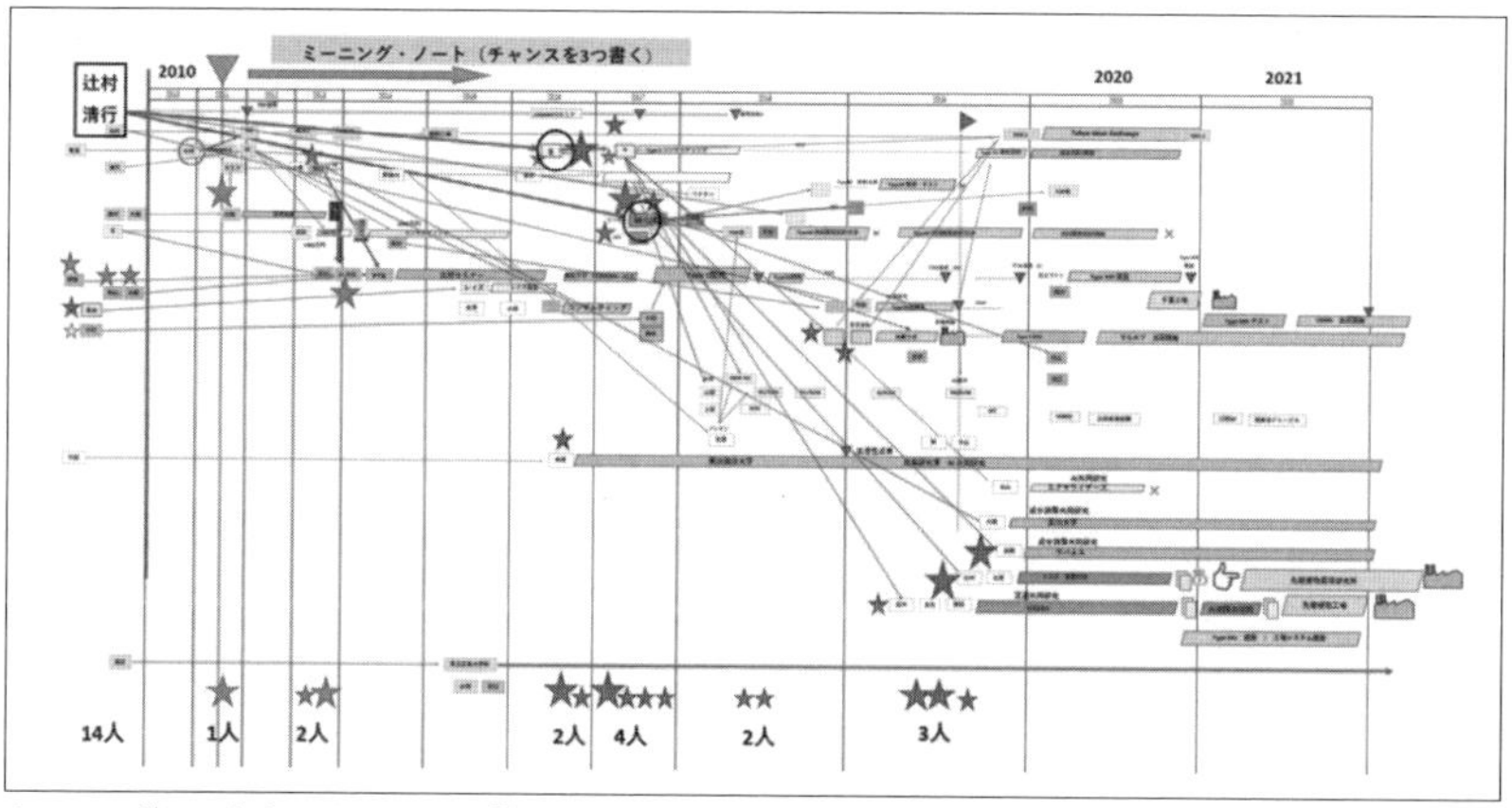

ミーニングノートをつけることで「縁」をのがさず、とんとん拍子に「運」がよくなったと言う

ことがわかります。

目の前に来た、今日の「縁」を逃がさず、大切にすることが人とのネットワーク作りだと思います。ノートをつけ始めてから、とんとん拍子に運がよくなってきて、人生がずいぶん変わりました。

「想うこと、思い続けること」が成功の秘訣

久野　最後に、自分自身の人生を考えた時にイノベーターとしてどういうキャリアを築いていたらいいのかをお聞きしてもいいですか？

山田　インスピレーションって言葉がありますよね。あれは、「インスパイア」って言葉から来てると思います。

インスパイアは、「息を吸い込む」って意味があります。僕は、**インスピレーションは、外から吸い込んだ何らかの刺激と、自分の脳の中にある記憶が結びついて化学反応を起こし、新しい考えが浮かぶと思っています。**

インクスの時は、3Dプリンターを見て、3時間で起業を決意しました。PLANTXの時は、植物工場を見て、3分で決意しました。僕の場合は、視覚的なものが多いのですが、何らかの外からの刺激と、自分の記憶中にあるものとが化学反応を起こして「ハッ」って感じるんです。

イノベーションを起こすには、最初にインスピレーションがあって、その後にどうして「ハッ」

と感じたんだろうか、何に感動したんだろうかと、その理由を自分の中で深く深く考えます。最後に、「ああ、だから自分は感動したんだな」ってところまで本質を追求すると、今度は、「じゃあ、これで世界初になるには、何をすればいいんだろう？」と考えていきます。

このあたりからは、論理的思考に変わってくるんです。**世界初じゃないとイノベーションではないですからね。**

久野　山田さんは直感がすごいですね。スタートアップって直感で動いてる人たちが結構成功してるんじゃないかと思います。自分の感覚を大切にってことですよね。

山田　そのためには**いくつもいくつも、どうしてそう思うんだろうとか、これはなんで感動するんだろうとか、なんで不思議に思うんだろうというふうに興味関心を抱くこと**です。そうして、自分が感じた想いを、しつこく大切に思い続けることなんです。

僕の成功の秘訣は、「想うこと、思い続けること」です。

想うことは誰でもできるが、成功するまで思い続けることが、なかなか難しいのです。

「チャレンジする人はかっこいい」そんな世界がもっと身近になるために

06

【スタートアップ旗振り役】

経済産業省
スタートアップ創出推進室総括企画調整官
南 知果
みなみ・ちか

経済産業省大臣官房スタートアップ創出推進室総括企画調整官
2014年司法試験合格。2016年西村あさひ法律事務所入所。2018年法律事務所ZeLo参画。弁護士としての主な取扱分野は、スタートアップ支援、M&A、ファイナンスなど。一般社団法人Public Meets Innovation 理事。著書に『ルールメイキングの戦略と実務』（商事法務、2021年）など。アメリカ留学（ペンシルベニア大学ロースクール、カリフォルニア大学バークレー校客員研究員）を経て、2022年11月より現職。

経済産業省スタートアップ創出推進室総括企画調整官の南知果さんは、スタートアップを支援するための政策立案や支援施策の企画・調整を担うなど、日本のスタートアップ企業にとって欠かせないキーパーソンの一人です。

現職に就く以前は、西村あさひ法律事務所でM&Aを専門とする弁護士としてキャリアをスタートさせました。その後、法律事務所Ze Loに移り、さまざまなスタートアップを法的に支援。さらには米国のペンシルベニア大学、バークレー大学でも米国の会社法やスタートアップファイナンスを学ぶなど、これまでの経験とグローバルな視野を活かし、若い起業家からの相談にも親身に応じたり、全国各地のスタートアップコミュニティとのコミュニケーションや交流の場の整備にも力を入れたりしています。

さらに、南さんは日本のスタートアップには、世界に通用する技術力や創造力、そして地道な努力を積み重ねる文化があるとして、その可能性に期待を寄せ、日本のビジネス環境をよりスタートアップに適したものに改善するためにも尽力しています。

これからスタートアップを目指す人たちには、南さんのような専門家の存在や、政府が提供するスタートアップへの支援策を活用することで、よりスムーズなスタートアップの道が開いていってほしいと思っています。

戦後以来の第2の創業ブームを生み出していきたい

久野　2022年に岸田政権が「スタートアップ創出元年」を宣言し、スタートアップ育成5か年計画を発表しました。まずはこのスタートアップ政策に力を入れる理由、背景についてお考えを聞かせてください。

南　一つは経済成長です。アメリカであればGAFAMのような新興企業が経済成長を牽引していて、日本でもそういった経済を上向きに引っ張ってくれるスタートアップが出てきてほしいという思いがあります。ソニーやホンダといった今も世界のさまざまなところでプロダクトを見るようなメーカーも戦後20代や30代の若者が創業しています。

今の若い世代は気候変動やダイバーシティなど社会課題と言われるものに関心が強いというデータを見たことがあります※。そういう社会課題に対して、これまでにない新しい解決策で、しかもそれをビジネスとしてやっていくことがスタートアップは得意です。国としても、自分たちだけで解決するのは困難な社会課題がたくさんある中で、スタートアップに対して、解決策を提供する主体として期待しているところがあります。

戦後の創業期に次ぐ、**第2の創業ブームとして、スタートアップを生み、育むエコシステムを創出していきたい**というのが国の強い思いだと私は考えています。

久野　松下電器の松下幸之助さんが築いた戦後の混乱した時期のハングリー精神からくる起業文化や京セラの稲盛和夫さんの人徳のある言葉など、徳のある起業家像というのは当時に生まれたスタートアップが成功した大きな理由の一つだと思います。ただ、先ほど南さんがおっしゃったように、現在は社会課題解決型のソーシャルイノベーションを目指すような若い人たちが多いとすると、戦後とは大きく環境が違うと思いますが、そういった中での第2創業期というのは、どのようなイメージなのでしょうか。

南　今の若い世代は**「失われた30年」**を生きてきて、**閉塞感やもやもや感**を持っている。だからこそ社会課題に目を向ける人が多いのかなと思います。このまま何もしないでいたら**国はよくなっていかないという危機感**が出てきているなと。私はミレニアル世代ですが、同世代や少し下のZ世代で、**そういう問題意識を基に起業したり**、**自分で何かを始めてみたりするという風潮**が生まれているように感じます。

※日本労働組合連合会の調査『Z世代が考える社会を良くするための社会運動調査2022』では、若者の9割が社会課題に関心があると回答している。

久野　日本人はアントレプレナー教育をやっていてもなかなか起業家精神を発揮しきれない、何か殻を破りにくいという閉塞感があると思っています。

その理由として、日本社会がそれを認めないとか、失敗を恐れない文化がないとかよく言われますが、期待する起業家像はありますか。

南　起業家像はいろいろな形があっていいと私は思っています。最初から自分は世界に認められるものを作るんだという大きな気概を持つ人は素晴らしいですし、身の回りの課題を解決していきたいというマインドを持つ人もいい。こういう人が増えるべきだというよりかは本当にいろいろな起業家が出てくることが望ましいと思いますね。

久野　今回、この本でさまざまな起業家にインタビューをしましたが、とにかくチャレンジして、あきらめず、ずっとやり続けるような人が多かったです。取材をする中で、「最後までやったほうが勝てるでしょ」というような話もありました。そういうふうに**チャレンジしていくことに対して失敗もかっこいいという風潮ができると私はいいなと思っています。**

地方にはスタートアップがやりやすい側面もある

久野　先ほど「失われた30年」の話が出てきましたが、バブル期のあたりからずっと大都市神話や東京一極集中のような発想が問題になっています。

地方出身の若い人が東京の会社に入るとせっかく地方が地方の税金で育ててきた人材が大都市

に横取りされてしまって、どんどん廃れてしまう。

もっと地域ならではの課題解決、郊外ならではの起業の始めやすさのようなものが顕在化すると「スタートアップは地方こそマッチしている、起業は東京じゃなくてもいいよね」という風潮になると思うのですが、その点はいかがでしょうか。

南　実は、**地方にはスタートアップがやりやすい部分もあると思います。**東京に比べると仲間を集めにくく、スピード感をもって事業を大きくしづらいという課題はありますが、高齢化、労働力不足などの社会課題が東京のような大都市よりも切迫しているので、どんな方法でもいいからこれを解決してくれという強いニーズが地方にはあります。

年代が上の方々も、どうやって解決していけばいいのかわからないという切迫している状況なので、若者のちょっとしたアイデアを受け入れやすいのではないかと思います。大都市と地方だと、スタートアップに対するイメージはちょっと違うかもしれないですが、**地域を盛り上げる人が発するアイデアは実現しやすいし、それは同じような課題を持っている他の地域に横展開もできるので、ビジネスになりやすいと考えています。**

久野　地方創生とスタートアップの社会課題解決がうまくミックスすると起業しやすいということですね。たしかに、そういう意味では日本人が今からスタートアップをやるのは、いろいろなチャンスがあるとも言えますね。

日本をスタートアップ大国にするために

久野　第2創業期に挑戦していくような人たちを増やしていくという文脈で、国はスタートアップをどんどん増やすための環境整備を推進していると思いますが、「日本は他国に比べてこういう環境が整っているからスタートアップをやってみると結構面白くてうまくいくかもしれないよ」というようなことはありますか？

南　制度面としては環境が整ってきているように思っています。会社を設立する時の資本金はごく少額でも設立できます。スタートするハードルは実は低いと思うんですね。中小企業の数も多いです。中小企業というとスタートアップとは毛色が違うかもしれませんが、起業という枠でとらえるのであれば、周りに起業家はたくさん存在しています。

久野　投資環境についてはどうでしょうか？　日本は投資文化があまりにも貧弱です。今、私はヘルスケア・バイオの業界にいるのですが、アメリカとは年間の投資額で百倍ぐらい差がついているわけです。年間40兆円のアメリカに対して、日本は4000億円ぐらい。エンジェル投資家やVC（ベンチャー・キャピタル）が回収不能を覚悟の上でスタートアップに投資するリスクマネーの額がそもそも違いすぎます。海外から日本のスタートアップに出資を促すという政策もありますが、投資環境や投資家をどう育成するのかということについてはどのように考えているのでしょうか。

南　今回、エンジェル税制をかなり大きく改正しました。エンジェル税制とは、スタートアップへ投資を行った個人投資家に対して、税制上の優遇措置を行う制度です。今回の改正では、投資家が株式を売却して、それを元手に設立間もないスタートアップに投資した場合、つまり再投資した場合に、株式譲渡益に課税しない措置の対象とするものです。株式を売却して得たお金はすべて次のイノベーションを生み出すところに投資できるようになります。つまり、お金の循環をよくするような税制の改正で、2023年4月1日から施行されています。

久野　日本の投資家にとっては朗報ですね。

南　はい、ぜひ使っていただきたいと考えています。改正のポイントはいくつかあります。まずは税制的なメリットとしてこれまでは課税の繰延だったのですが、上限20億円までが非課税になるという点。また、株式を売却して得たお金を元手に自分で新たにスタートアップを設立する場合も対象になります。

久野　なるほど、メニューがたくさんあるのですね。エンジェル投資家グループは地方にも生まれつつありますが、そういう投資家の方々に対してどういう情報の流し方をされているのですか。

南　東京にいるエンジェル投資をしている人たちには口コミなどで広がっているかなと思うのですが、地方の人たちとも連携しながらPRしたいです。これまでエンジェル投資に馴染みがなかったような人たち、例えば地方であれば、「地元で頑張ってる若者を応援したいからお金を出すよ」という人間関係の中に出てくるような話でも、要件さえ満たせばエンジェル税制は使えます。税制優遇が大きくなったことをスタートアップ政策の中で幅広くアピールしていきたいです。

久野　そうなのですね。私は、南さんのような人が経済産業省にいるのが大変心強くもあるのですが、南さんは経済産業省という立場でこれからどんなふうに日本を変えていこうとしているのでしょうか。

南　政策に関心がある人、関与している人がまだまだ一部に限られていると感じています。**本当に日本をスタートアップ大国にしたいと考えるのなら、もっといろいろな人を巻き込まないといけない。**役所は基本的に怖いところと思われている気がするんですよね（笑）。霞が関に積極的に行きたい人が今はあまりいない気がするので、そこも敷居を下げて、役所はもっとリアルに起業家の困りごとを相談してもらえるような存在になり、多様な人たちと一緒に環境を、社会を変えていく、そういうことを実現していきたいです。

久野　私もそれは大賛成です。経済産業省の敷居はたしかに高いです。

南　実際に私も民間の立場で役所に行く時は、緊張していました（笑）。既存の業界には業界団体があって、そこと官公庁との間にコミュニケーションのルートがあったりするのに対し、スタートアップは団体が業界を代表して政策提言するといった動きはあまり活発ではないように思います。スタートアップの多くは自分たちがビジネスを伸ばしていけるかどうかの必死な状況の中で、政策に関与しようと考える余裕がないケースが多いでしょうから。

でも、そういった今頑張っているスタートアップが困っていることをきちんと国が聞き取って、環境整備していくことで、次の世代につながっていくと思うのです。そのためにもたくさん起業家を巻き込んでいきたいです。

日本はまだまだいける。日本はできる

久野　ここまでお話を聞いていて、私は5か年計画を達成した後の第2創業期がある程度成熟し始める10年後ぐらいの時期がとても楽しみだなと思います。南さんは、10年後の日本のスタートアップ業界にどんな未来を見ているのでしょう。

南　学生のうちに起業する人がたくさんいたり、学生の就職先として当たり前にスタートアップがあったり、就職ではなく起業するのが当たり前であったりするとワクワクしますね。また、若者に限らず大企業で実績を積んできた30代、40代の人達が満を持してスタートアップを立ち上げるなど、スタートアップがもっと身近になっている、そんな世界を目指した5か年計画なのかなと私は考えています。

久野　今でもすでに人材流動性が高まってスタートアップと大企業がそれぞれに出向するなどの動きも始まっていますよね。

南　そうですね。スタートアップで働いていた人が大企業に戻ったり、その逆もあり得ます。多様な人がさまざまな環境で活躍していて、コラボレーションが生まれやすいような社会を迎えていられたらいいなと思います。

久野　そういう意味ではジョブ型雇用などがもう少し浸透して日本型雇用がだいぶ変わっているような世界も考えられますね。そうなると経済指標的にはＧＤＰも上がるのではないかとも思いま

す。日本人の力が爆発して企業の時価総額ランキングを塗り替えるぐらいの、かつての日本を取り戻せるかのような産業創出力は欲しいですね。

南 世界の時価総額トップ30に日本のスタートアップが入っているとすごくいいですし、若い人たちが「**日本はまだまだまだいけるぞ**」という感覚を持ってくれているといいなと思います。

久野 今の言葉、勇気をもらいました。国も日本を全然あきらめてないっていうことをどんどん発信して欲しいですよね。「日本はできるぞ」と。

今いる組織の中でちょっとでも変化を起こせば、それがイノベーション

久野 最後に、若いチャレンジャーたちにメッセージを発信して欲しいです。いろいろな立場のチャレンジャーがいると思います。大学生ばかりではなく、小中高生もいると思いますし、30代、40代のモヤモヤしてる人、自治体担当者にもお願いできたらうれしいです。

南 みんなが全員起業しましょうというより、**それぞれの持ち場で新しいことを始める人がたくさんいることが社会を前に進める**のだと私は思っています。ですから、スタートアップは自分には関係ないと思うのではなくて、**身近なところから一歩踏み出す**人が今後どんどん増えるといいなと思います。それには「新しいこと、チャレンジすることも、一歩踏み出してしまえば意外とできるもんだな」と思えるような環境が必要で、それを今、力を入れて作っている最中です。

また、スタートアップや起業というとハードルが高いと思われるかもしれませんが、私は自分

の身近な小さなことを自分のアイデアで解決するというのもイノベーションの範疇だと考えています。**必ずしも起業することだけが全てではない。**大企業の中とか自治体の中とか、**自分が今いる組織の中で何かちょっとでも変化を起こすことができれば、それはもうイノベーションです。**

ですから、恐れず一回踏み出してやってみる。それも若いうちに、できれば社会人になる前にやってみるといいと思います。失敗しても痛みもないというか、誰も気にしない時にたくさんチャレンジしてみるのです。そういう意味でも**チャレンジする人はかっこいい、若いうちの失敗は買ってでもやれ**みたいな世界が身近になるといいなと思います。

久野　素敵な発想ですね。すごく感銘を受けたのは、スタートアップっていうとなんか構えてしまうところがありますが、身近なことで何か新しいことにチャレンジする、それ自体がスタートアップの可能性を秘めているというところです。その形が起業である必要もない。何かスタートして変えてみようとするアクティブな人たちがどんどん増えるようにしたいですね。

おわりに

この本では、スタートアップに注目し、その特徴や成功の秘訣について探求してきました。著者の勝手な思いを言うと「スタートアップの作法」を書いたつもりです。

スタートアップの作法を身につけることで、社会にものを言う人が増え、日本を変える力を持つ人々が増えてくることを心から願っています。そうなれば「リバイバルジャパン」どころではなく、もっとすごい、かつてない日本を作ることができると信じています。

今回、この本を書いてみて、またいろいろな起業家やスタートアップのキーパーソンに取材を重ねて「日本はスタートアップに向いている環境が整っている」ということがわかりました。技術力や人材力、そして資金調達の手段もますます充実していきます。

このような好条件が整い始めた今こそ、日本人自身をアップデートするチャンスとも言えますし、また新しい時代に向けて日本人一人一人がチャレンジするべき時だと私は考えています。

「失われた30年」という、ここ最近の日本の停滞を表す言葉があります。

また、日本は諸外国に比べてこの30年間給与が全く増えなかったということも最近の物価高のニュースによって広く知れ渡りました。

かつての日本は、奇跡の戦後復興を果たしたと言われていました。１９４５年の終戦からわずか19年で新幹線の開通と東京オリンピックを実施しています。原爆を落とされて日本中が焼け野原になってからわずか19年です。

戦後復興期からその後のバブルと言われる1990年代まで、右肩上がりに給与が増え続けた時代があったのです。日本はそういう時代を経験してきています。やってやれないことはありません。政府は日本の戦後復興を第1創業期とするならば、今こそ第2創業期の波を起こす時だとさまざまな政策を打ち出しています。この30年の停滞感からくる危機感。これは、現代の若い人たちの思考に次のような意識を芽生えさせています。

「自分が何のために生まれてきたのか？　何の役に立つのか？　儲けるよりも社会の役に立つために働きたい」

これは、実はスタートアップに携わる人々の共通の価値観であり、哲学にもなり得るものだと考えています。日本の起業家で名を残したホンダを創業した本田宗一郎や松下電気（パナソニックの前身）を創業した松下幸之助は人生哲学を持っていました。それは、人生とは何か、ビジネスとはそもそも何かということを何度も何度も考え、いろいろな人と議論して出来上がった人生哲学です。

そういう意味で言うと今は戦後復興期と似たようなところがあるのかもしれません。

私たち日本人には、まだまだ未来を切り拓くチャンスがあります。この本が、そのチャンスをつかむためのヒントを提供できたなら、大変嬉しく思います。

日本を変える力は、私たち自身が持っています。未来への扉を開くために、まずはスタートアップの扉を開きましょう。一歩踏み出す勇気を持って、スタートアップがもたらす、新たな時代の幕開けに参加することを決意し、一緒に未来を切り拓いていきましょう！

最後に親愛なる息子や娘へ。

この本を手に取ってくれたこと、そして読んでくれていることに感謝します。

私がこうして本を書くことができたのも、あなたたちが私にとってのインスピレーションであったからです。この本を書くにあたって、私はあなたたちのことを思い巡らせました。私の願いは、この本があなたたちにとって、勇気を持ち、自己成長を促し、新しい世界を探求するきっかけとなることです。人生には困難や試練もありますが、あなたたちには自分自身を信じ、自分の夢を追い求める力が備わっています。私たちは常に学び続け、成長し続けることが大切です。私たちの人生は限られていますが、私たちが積み重ねた経験や学びは、永遠に私たちと共にあります。

この本が、あなたたちが人生で直面するであろう問題や課題に向き合う際の道しるべとなり、またあなたたちが夢を実現するためのヒントを提供できることを願っています。

いつでも、あなたたちの味方であり続けることを約束します。

愛をこめて

2023年5月吉日　久野孝稔

著者紹介

久野孝稔（くの・たかとし）

慶應義塾大学大学院政策・メディア研究科（SFC）特任助教／シミックホールディングス株式会社CEOオフィス External Innovation担当部長／株式会社 NERV代表取締役

1976年茨城県生まれ。早稲田大学政治経済学部政治学科卒業後、1999年に茨城県庁に入庁し筑波研究学園都市のスタートアップ産業政策を担当。31歳の時に筑波大学発スタートアップのCYBERDYNE株式会社に転職し、初代営業部長、初代広報戦略部長など要職を歴任。2012年に身体機能を改善するロボットスーツ®の価値を世に広げるため、麻痺などの後遺症に悩む方をケアするトレーニングセンターを企画。企画から1年後、国内に運営会社を社内起業で一度に複数立ち上げる。自身は湘南ロボケアセンター株式会社を設立後、代表取締役に就任。その後、武田薬品工業株式会社に転職して日本最大級の創薬エコシステム「湘南ヘルスイノベーションパーク」を立ち上げた。さらに、エコシステムを成長させるためにグローバル製薬企業の視点から日本を見る必要があると考え、スイスのメガファーマであるノバルティスファーマの医療政策部長などを経て現在に至る。日本公共政策学会会員。マサチューセッツ工科大学VMSコース修了者（日本初）。

How《はう》 To《とぅ》 STARTUP《すたーとあっぷ》

イノベーションを起《お》こすビジネスアイデアの育《そだ》て方《かた》　〈検印省略〉

2023年　5　月 21　日　第　1　刷発行

著　者――久野　孝稔（くの・たかとし）
発行者――田賀井　弘毅

発行所――株式会社あさ出版

〒171-0022　東京都豊島区南池袋 2-9-9 第一池袋ホワイトビル 6F
電　話　03（3983）3225（販売）
　　　　03（3983）3227（編集）
F A X　03（3983）3226
U R L　http://www.asa21.com/
E-mail　info@asa21.com
印刷・製本　（株）光邦

note　http://note.com/asapublishing/
facebook　http://www.facebook.com/asapublishing
twitter　http://twitter.com/asapublishing

ISBN978-4-86667-504-6 C2034